KB274645

세창

어떻게 이런 일이……

발명 365

지은이 왕 연 중

세창

지금은 1국민 1발명 시대

　　지금은 1국민 1발명 시대입니다. 인류역사상 요즘처럼 발명의 중요성이 강조되고, 인간 생활의 모든 분야를 발명이 지배하는 시대는 없었습니다. 전세계가, 전인류가 발명보다 값진 보물은 없다는 데 공감하고 있습니다. 이에 따라 많은 사람들이 발명가가 되겠다고 아우성입니다.

　　이것은 제가 그 동안 발명도서 84권과 신문·잡지가 청탁한 3000여 편의 발명관련 원고를 쓰면서 직접 체험한 사실들입니다. 우리 나라의 산업재산권(특허, 실용신안, 의장, 상표의 총칭) 연간 출원건수가 30만 건을 넘어선 지가 이미 오래 전 이야기이고, 대한민국 학생발명전시회와 전국학생과학발명품경진대회에 자신의 발명품을 출품하는 학생만도 10만 명을 넘어선 사실만으로도 발명의 열기가 얼마나 뜨겁게 달아오르고 있는가를 충분히 느낄 수 있을 것입니다.

　　그러나 아직도 발명은 특정인이나 하는 어렵고 힘든 일로 생각하는 사람들이 많고, 이들은 자신도 모르는 사이에 경쟁에서 밀리고 있습니다. 그러나 사실 발명이란 그렇게 어렵고 힘든 것은 아닙니다. 자! 이 순간부터 생각을 바꿉시다. 생각을 바꾸는 순간 멀리 있다고 생각했던 발명이 눈에 보이게 될 것입니다. 발명이란 국어사전에 나와 있는 것처럼 '전에 없던 것을 새로 생각해 내거나 만들어 내는 것'이 아닙니다. 요즘의 발명은 '보다 편리하게, 보다 아름답게'입니다. 실제로 세계 각국의 특허청에서는 '보다 편리하게' 하면 특허나 실용신안 등록을 해주고, '보다 아름답게' 하면 의장등록을 해주고 있습니다.

이 책은 새롭게 발명가가 되고자 하는 사람들을 위해 지난 2000년 동안 인류 문명을 밝혀 온 발명품 중에서 365가지를 골라 사전처럼 ㄱ, ㄴ, ㄷ순으로 소개하고 있습니다. 물론 이 중에는 세상에 없던 것을 처음으로 만든 발명품도 있습니다. 그러나 대부분 이미 발명된 물건을 '보다 편리하게, 보다 아름답게' 한 발명들입니다. 1년 365일, 하루 한 가지씩 발명품을 살펴보고, 거기에서 '보다 편리하게, 보다 아름답게'를 추구하는 자세, 그 자세만 갖는다면, 그 사람은 세계적인 발명가로 우뚝 설 수 있을 것입니다.

21세기는 개인, 기업, 사회, 국가의 경쟁력을 발명이 좌우하는 시대입니다. 보다 구체적인 발명기법은 또 다른 발명도서를 탐독하고, 앞서 발명가로 성공한 사람들의 지혜와 기법도 배워 1국민 1발명 시대에 동참합시다. 그 동안 수많은 발명도서를 발간하여, 1국민 1발명 시대를 여는 데 앞장서 오신 도서출판 세창의 이방원 사장님과 임직원 여러분에게 진심으로 감사드립니다.

끝으로 다시 한 번 강조합니다.

우리 모두 발명가가 됩시다!

2001년 가을을 맞으며
왕연중 씀

차 례

차 례

차 례

차 례

차 례

차 례

1. 가솔린 기관

증기기관은 증기를 만들어 그것을 실린더에 보내서 피스톤에 왕복운동을 일으키게 하는 장치이다. 즉 가열하는 장소와 운동을 일으키는 장소가 다른 외연기관이다. 그런데 만일 가열하는 장소와 운동을 일으키는 곳을 같이 한다면 낭비도 적고, 크기가 작아도 되므로 편리할 것인데 이것을 내연기관이라 한다.

처음으로 내연기관을 만들려고 한 사람은 네덜란드의 물리학자 호이엔스. 그 다음이 프랑스의 파팽, 영국의 스트리이트, 프랑스의 드봉 등이었으나 모두 실용화되지 못했다. 그러다가 1860년 가난한 노동자였던 프랑스의 르느와르가 가스 기관을 완성했다. 비슷한 때에 독일의 오토가 엔진을 완성하여 증기기관 대신 오토의 엔진을 쓰게 되었고, 내연기관은 자동차, 비행기에 쓰였다. 다이믈러는 석탄을 쓰는 가스기관 대신 1883년에 가솔린 기관을 완성했다.

2. 가 스 등

지금은 가정이나 공장에서 전기를 이용하여 불을 밝히고 있지만, 전기가 사용되기 전에는 가스등으로 밤을 밝히던 때가 있었다. 이 가스등은 약 2백년 전 머도크라는 증기기관의 조립공이 발명한 것으로 영국의 산업혁명에 생산성을 높이는 큰 몫을 담당했고, 유럽의 밤거리를 오렌지 빛으로 수놓았다.

머도크는 1799년 증기기관을 발명한 와트의 공장에 선반 기술자로 취직했다. 머도크는 증기기관차를 연구하는 과정에서 힌트를 얻어 그 연료인 석탄에서 가스를 얻어 조명에 쓰기로 했다. 그는 뛰어난 기계조작 솜씨를 발휘하여 와트의 대규모 새 증기기관 공장에 가스발생장치를 만들고 공장 내부에 가스등을 켰다. 그리고 1802년 프랑스와 영국의 강화조약 기념으로 가스등 장식이 내걸렸다. 1812년 세계 최초로 가스회사가 창설되면서 가로에 가스등이 걸렸다.

3. 가스쿠커 안전장치

프랑스의 사스키아는 1990년, 18세 때 노벨상 시상식에 최연소 초대손님으로 초청되었다. 물론 노벨상 수상자로 참석한 것은 아니다. 그녀는 네덜란드 출신의 유일한 젊고 돋보이는 과학자였다. 그녀가 유명해진 것은 가스쿠커를 위한 안전장치를 발명했기 때문이다. 사스키아는 발명품을 개발하고, 그에 대하여 이렇게 설명했다.

"안전장치는 타이머에 연결된 센서로서 각 스토브 버너의 바로 옆에 설치되어 있는데, 냄비를 삼발이에서 내리면 일정한 시각(약 30~40초)이 지난 후에 자동으로 가스 스위치가 차단되는 장치이다. 이것은 건망증이 심한 사람을 위한 보호체계다"

ETNA나 ATAG 같은 큰 가스쿠커회사들은 그녀의 프로젝트에 많은 관심을 보였다. 사스키아는 자신의 아이디어를 더욱 발전

어떻게 이런 일이……

시키기 위해 노력중이다.

4. 가 위

요즘은 어른들의 사용보다 유치원 어린이들의 이용이 더 많아진 가위, 이것은 누가 만들었을까?

지금으로부터 약 4천년 전, 이집트에는 청동으로 만든 가위가 있었다. 그런데 그 가위의 날이 바깥쪽을 향하여 달려 있어서 칼처럼 쓰이고 있었던 것으로 추정된다. 날이 안쪽을 향하여 달린 가위가 쓰이기 시작한 것은 기원 전 500년 경부터인데 대개는 철로 만든 것이었다. 그 무렵의 가위는 핀셋과 마찬가지로 날과 날의 지렛점 중간에 손으로 누르는 힘점이 있었고, 지렛점 부분은 V자 형의 용수철로 되어 있었다.

중국 한나라에도 가위가 있었으나 날의 자루가 S자형으로 되어 있었다. 우리 나라에 가위가 전해진 것은 삼국시대로 알려졌고, 서양식으로 된 가위가 전해진 시기는 조선시대 초기이다.

5. 각설탕 포장법

요즘은 다방이나 커피숍에 가면 차에 넣어 먹기 편하게 만들어진 각진 설탕이 나온다. 별것 아닌 것 같은 이 기발한 포장 아이디어도 큰돈을 벌게 한 발명품이다.

커피나 홍차를 비롯한 여러 종류의 차 문화가 발달하면서 미국은 여러 나라에 각설탕을 수출했는데 목적지에 도착하기도 전에 녹아버려 어려움이 많았다. 그래서 설탕회사에서는 설탕을 녹지 않게 오래 보관하고, 운반할 포장법에 대한 현상모집을 하게 되었다.

그런데 오랜 항해를 마치고 배에서 내린 20대 청년 존이 각설탕 포장지를 내놓았다. 그것은 기존의 포장법 그대로인 듯했으나, 단지 바늘구멍을 냈다는 것이 달랐다. 존이 현상금을 탄 것은 말할 것도 없고 미국은 습기나 열에 약한 각설탕을 긴 항해 끝에 세계의 곳곳으로 무사히 수출할 수 있었다.

6. 감자껍질 제거기

감자는 어느 나라 할 것 없이 사람들이 무척 좋아하는 식물로 감자를 가공하여 만든 여러 가지 식품은 전세계적으로 발달되어 있다. 뿐만 아니라 감자는 영양가도 높고 재배도 비교적 쉬운 농작물로서 주식으로 이용되기도 한다. 미국도 예외는 아니어서 많은 사람들이 감자를 즐겨 먹는다. 심플롯은 미국의 서부인 아이다호주에서 감자 재배를 시작하여 복합기업을 이룩해 '감자왕'으로 유명한 사람이다. 그는 어린 시절에 공부를 무척 싫어하고, 대신 넓은 농지를 뛰어다니며 감자 고르기를 더 즐겼다. 결국 감자재배를 시작으로 엄청난 생산기업을 만든 그는 군대에서 받은 주문량을 대기 위해 열심히 일했다. 그런데 감자껍질을 벗기는 데 기업의 승패가 걸리자 심플롯은 연구를 거듭하여 획기적인 방법을 찾아냈다. 이 방법으로 전 미군소비량의 3분의 1을 납품할 수 있었다.

7. 값싼 석탄의 석유 추출법

석탄을 채취하는 업체는 점차 업종을 바꾸거나, 폐업을 하는 등 석탄이 우리 생활에 쓰이는 규모는 점차 줄고 있다. 그러나 만

어떻게 이런 일이……

약 석탄, 그 중에서도 가장 값이 싼 역청질의 석탄에서 석유를 추출할 수만 있다면 석유업체는 석탄을 체취하는 업체로 바꾸어야 할 것이고, 석탄 매장량이 많은 나라는 삽시간에 중동국가가 누리던 부를 누릴 것이다.

석탄을 석유로 만드는 방법이 지금껏 없었던 것은 아니지만, 비용이 문제였다. 그런데 미국 펜실베니아 대학의 춘산 송 박사가 다년간의 연구를 거쳐, 석탄에서 석유를 채취하는 것이 일반 구매 가격보다 더 싼 방법을 개발해냈다.

송 박사가 개발한 방법은 기존의 석탄 액화 방법을 약간 변형시킨 것으로 물을 더 첨가하고, 열과 압력을 낮추어 액화 효과를 극대화하면 마술처럼 석유가 나온다는 것이다.

8. 개 안 경

맹인들을 위해 훈련된 특수 견들이 있다. 반대로 시력장애가 있는 개에게 사람이 특수안경을 만들어 주었다.

프랑스의 안과의사인 데니스가 1975년, 개 안경을 발명하여 특허를 받았다. 이 안경은 백내장 수술을 받았거나, 눈병으로 고생하는 개들에게도 사용이 가능하다. 데니스는 다섯 가지 크기의 안경테를 발명했는데, 충격에 강한 플라스틱으로 테를 만들었다. 그녀의 말에 의하면 프랑스에는 개 안경에 대한 수요가 거의 없으며, 사람들이 미친 짓이라고 생각하나, 미국인과 일본인들은 매우 흥미 있어 한다고 했다. 그리고 스위스인들의 경우, 알프스의 눈사태로 파묻힌 사람들을 구하도록 훈련된 개들을 의한 특수 설계를 맡겼다고 했다. 데니스는 개 안경을 설명하기 위해 몇 개의 텔레비전 쇼에 출연도 했고, 전세계 전시장에 출품해왔다.

9. 개인용 컴퓨터

전기 계산 기계는 20세기 초부터 있었고, 현대의 대형 컴퓨터에 앞서 초기의 전자 컴퓨터는 1941년에 나왔다. 그러나 우리의 생활방식에 커다란 혁명을 몰고 온 탁상 컴퓨터는 1977년에야 나타났다. 요즘 각 가정마다 거의 없는 집이 없는 개인용 컴퓨터의 아이디어는 1977년 이전부터 언급되었으나 현실적으로 합당하지 않다고 여겼다.

그럼에도 불구하고 개인용 컴퓨터는 낡은 차고에서 태어났다. 1976년 요즘 실리콘 밸리라고 알려진 곳에서 스키브 잡스와 스티브 보지니악은 애플 I 이라는 컴퓨터 기판을 손수 만들었다. 두 사람은 잡스의 부모님 차고에서 애플 I 을 제작하여 지방의 애호가들과 전자공학에 심취한 사람들에게 판매를 시작했다. 그들의 사업은 눈부시게 발전하여 잡스와 보즈니악은 애플 컴퓨터사를 설립했다.

10. 거 울

아침저녁 여성들에게 사랑을 받고 있는 거울은 어떻게 만들었을까?

기원전 3천년 경 이집트나 서아시아에서는 구리와 주석을 섞은 청동이 많이 쓰였다. 이집트인들은 청동을 잘 닦아 광을 내서 거울을 사용하였다. 기원전 5~3세기 경 중국에서는 청동거울을 만들었다. 우리 나라에는 기원전 4~3세기 경 중국 한나라 시대에

어떻게 이런 일이……

청동거울이 전해졌다. 유럽에서는 이집트의 기술이 그리스와 로마에 전해졌다. 특히 로마 시대 폼페이시의 유적에서 발굴된 것에 의해, 청동 거울 외에 은이나 철로 만든 여러 가지 거울이 있었음을 알게 되었다. 13세기가 되자 이탈리아의 베네치아에서 유리 공업이 발달하여 널리 퍼졌고, 15세기에는 유리에 도금을 한 거울이 베네치아에서 발명되었다. 19세기 이후 은도금방법이 발명되어 거울도 발달했다.

11. 결핵진단약

전염병은 많은 사람들의 생명을 위협하거나 빼앗아 간다. 이 치명적인 전염병들에 대한 원인 규명과 치료약의 발명으로 예방과 치료법에 혁신을 가져온 사람이 있다. 독일의 로베르트 코흐다. 그는 결핵균이나 탄저병균, 콜레라균과 같은 병원균을 발견하여 각종 전염병의 원인이 미생물에 의한 것임을 증명했다.

1866년 독일에서 의과대학을 졸업한 코흐는 시골에서 병원을 개업, 환자들을 치료하고 있었다. 그는 전염병의 원인이 미생물이라는 파스퇴르의 발표에 큰 흥미를 느꼈다. 그리고 아내에게 생일선물로 받은 현미경을 이용하여 죽은 양의 피를 관찰하였다. 또 소의 눈물, 탄저병에 걸려 죽은 쥐 등으로 실험하여 병원체를 발견하고, 1882년 염료를 사용해 결핵균을 밝혀냈다. 결핵이 병균에 의한 전염병인 것을 확인한 코흐는 결국 투베르쿨린이란 결핵진단약을 발명하였다.

12. 계 산 기

요즘 은행이나 계산 업무를 필요로 하는 곳이 아니더라도 가정별, 혹은 개인별로 계산기가 없는 곳은 거의 없다. 이 계산기는 어떻게 만들어졌을까?

17세기 프랑스에 살던 블레이즈 파스칼의 아버지는 사무원이었다. 그는 매일 금전에 대한 대량의 가감술을 하였는데 많은 노력이 필요할 뿐만 아니라 결과는 정확하게 신뢰할 수도 없어 일일이 체크를 해야 했다. 이를 보다못한 파스칼은 깊이 생각에 잠겼다.

'아버지의 일을 좀더 편리하게 할 수는 없을까?' 결국 파스칼은 10진법의 통화를 대상으로 한 간단한 원리를 이용하여 계산기를 발명했다. 1642년, 파스칼의 나이 19세 때의 일이다. 이 기계는 70대가 제조되었고, 몇 대는 프랑스 국왕에게 헌상되었다. 그러나 이것은 10진 기계는 아니었다.

13. 계 산 자

1633년 영국 올드버리의 교구 사제 윌리엄 오틀렛은 이렇게 기록했다.

"나는 12년 전에 하나의 자와 다른 자를 세트로 하는 것을 생각해 냈다. 이것에 의하면 일은 훨씬 쉽고 신속히 할 수 있게 된다"

그의 발명은 수학적인 기구를 이용하여 계산하는 시초가 되었다. 1620년 런던의 그레샴 대학의 교수인 에드몬드 균터는 「수의 대수선(로그선)」이라는 책을 펴냈는데, 그로부터 1년이 지난 후, 오틀렛은 최초의 직선형 계산자를 만들었다. 이것은 로그 눈금을 가진 두 개의 자로 되어 있고, 사용할 때는 손으로 짝맞추기

어떻게 이런 일이……

를 해야 했다. 오틀렛은 많은 문제에 흥미를 가졌다.

　현재 학생들이 주로 사용하는 직선형 계산자 중 가장 오래된 것은 1654년에 만들어졌고, 17세기 말까지 벽돌공, 목수 등이 사용하는 전용자가 만들어졌다.

14. 고래이용 해양오염 정화법

　고래는 오염된 바다에서도 다른 바다 생물과 달리 잘 견딘다. 그 이유가 미국 오레곤 주립대학의 수의학 교수인 모리 크레이그 박사에 의해 밝혀졌다.

　크레이그 박사는 고래에게 기름과 산성물질로 오염된 크릴새우를 고래의 먹이로 계속 공급해 주었는데, 아무 탈없이 생활했다. 그리고 먹이도 하루에 1톤이나 되는 엄청난 양이어서 이 실험을 통해 대규모 해양도 정화할 방법을 찾게 되었다. 고래의 위장은 독특한 소화기능이 있는데 독성물질을 파괴시키는 신비한 박테리아가 존재하기 때문이라는 것이다. 만약 고래 위장에 있는 박테리아를 대량으로 양식하면 기름 유출 같은 사고가 났을 때 뿌려주어 오염지역을 깨끗하게 정화할 수 있다는 것이다. 이것은 화학물질로 정화할 때 생기는 부작용이 전혀 없어 환경을 지키는 파수꾼이 될 고래를 잘 보호해야 할 일이다.

15. 고래작살

　"자, 떠나자. 동해바다로……" 생각만으로도 가슴이 탁 트인다. 지금은 국제조약상 금지되어 있지만 몇 년 전까지만 해도 고래 사냥은 황금어획이었다. 이 붐을 타고 진짜 황금을 낚은 사람은 고래사냥용 작살을 발명한 일본 도쿄대학의 헤다 교수.

　2차대전중 구축함에서 물밑 잠수함을 공격할 때 사용한 어뢰를 본따서 만든 이 작살은 뾰족한 끝을 잘라내 평평하게 만든 것이 특징이다. 전쟁에 패망한 일본이 재기를 위해 노력을 다하고 있을 무렵, 헤다 교수의 연구는 시작되었다. 섬나라인 일본이 부가가치가 높은 고래사냥을 위해서는 작살을 과학적으로 만들어야 한다는 생각에 연구한 것이다. 기존의 작살은 끝이 뾰족해서 고래에 대한 명중률이 낮았다. 결국 작살을 발사하는 포경 포의 힘을 늘리고 작살 끝을 평평하게 하여 성공하였다.

16. 고무 라켓

　한 때 탁구는 세계적인 관심을 끌었다. 지금도 꾸준히 젊은이들의 사랑을 받고 있지만 일본에서 탁구계의 성인으로 자랑하는 사람이 있다. 하라 다리기조.

　하라는 세계 제2차 대전의 패망과 함께 폐허가 된 도시에서 탁구장을 경영하고 있었다. 그런데 하라는 탁구공이 너무 쉽게 깨져버려 골치를 앓게 되었다. 그의 탁구장은 손님이 제법 많았지만 탁구공을 구입하는 데 많은 돈이 들어가 실수입은 얼마 되지 않아 근근히 끼니를 이어가는 형편이었다. 그래서 탁구공을 밤낮으로 살펴보던 하라는 코르크나 라벨고무를 판자에 댄 라켓에 문제가 있음을 깨달았다. 그래서 생각해낸 것이 스폰지 고무였다. 그의 생각은 적중했다. 라벨고무나 코르크를 떼어내고 스폰지를 대자 과거 10분만 치면 깨지던 공이 한 시간 이상을 견뎌냈다. 개량라켓으로 시합을 치른 일본은 당시 세계를 제패했다.

어떻게 이런 일이……

17. 고무표면

　　주방에서 가정주부들이 설거지를 하거나 손빨래 등을 할 때면 빼놓을 수 없는 것이 고무장갑이다. 고무장갑의 표면이 껄끄러워 그릇이나 기타 용기들이 미끄러지지 않기 때문에 편리하게 사용할 수 있다. 이 껄끄러운 고무표면도 세계적인 발명품이다.

　　일본의 이타야 이와오는 철공소를 경영하고 있었다. 어느 추운 겨울 날, 신문을 보고 있던 그는 부엌에서 그릇 깨지는 소리를 듣고 달려갔다. 아내는 바닥에 흩어진 유리조각을 주으며 말했다.

　　"고무장갑이 미끄러워 그릇을 깼어요"

　　아내를 안심시킨 이타야는 속으로 생각했다. '장갑의 손가락 부분만이라도 껄끄럽게 만든다면 이런 일이 없을 텐데……' 그는 시장에 가서 그런 고무장갑을 찾아보았지만 없었다. 누구도 고무장갑 따위에는 신경을 쓰지도 않았다. 그는 결국 '껄끄러운 고무표면'을 발명했다.

18. 골무

　　바느질을 할 때 없어서는 안 되는 골무. 이 하찮은 것도 손색없는 발명품이다. 발명가는 일본의 이시가와.

　　피혁공장에 다니던 그는 어느 날, 삯바느질을 하는 아내의 모습을 보다가 눈물이 핑돌았다. 부인이 바느질을 하다 말고 재봉용 곰보 쇠골무를 벗자 고운 손가락이 빨갛게 부어 올라 있었던 것이다. 부인은 따가운 듯 입김을 호호 불고는 다시 그 쇠골무를 끼고 바느질을 계속했다. 이시가와는 당장이라도 삯바느질을 중단하라고 하고 싶었지만 자신의 월급만으로는 생계를 꾸려나갈 자신이 없었다. 그래서 손가락을 아프지 않게 하는 골무를 만들기로 했다.

　그러던 어느 날, 공장에서 작업을 하던 그는 쓰레기통에서 버려진 가죽조각을 발견하고 쇠 대신 질긴 가죽을 이용하여 골무를 만들어 내는 데 성공했다. 아내사랑으로 일약 사장이 된 발명품이다.

19. 공기 타이어

　오늘날 우리 생활의 일부분이 된 자동차. 그 자동차의 공기 타이어를 신기하게 여기는 사람은 별로 없을 것이다. 그러나 1880년대 이전의 바퀴란 대개 마차의 바퀴같이 철테가 붙어 있거나 속까지 고무인 타이어뿐이었다. 따라서 던롭의 공기타이어는 발명되자마자 곧 사람들의 관심을 모았다. 그리고 오늘날에는 타이어의 대명사로 불리게 되었다.

　1862년 북아일랜드의 벨파스트에서 동물병원을 하던 존 보이드 던롭은 마차로 가축을 진찰하러 다녔다. 덜컹거리는 마차는 매우 불편했다. 게다가 아들 조니가 삼륜차에서 떨어져 얼굴을 다쳤는데 삼륜차의 앞바퀴가 돌멩이에 부딪쳐 땅바닥에 심하게 내던져진 것이다. 이에 '딱딱하지 않고, 탄력이 있는 바퀴'를 생각하던 그는 1882년 마침내 공기 타이어가 장치된 자전거를 만들고 '던롭 공기타이어'라는 회사를 설립했다.

20. 과일 저장법

　북한에서는 기온이 낮은 겨울철에 과일의 부패를 최소화하는 방법인 '가스조절 저장방법'을 개발하여 널리 장려하고 있다. 온도는 섭씨 1℃, 습도는 90~95%의 상태에서 40미크로 메타의 폴리

어떻게 이런 일이……

에틸렌 주머니에 사과를 싼 후, 밀폐된 저장고에 넣고 산소함량을 낮추는 대신 탄소가스 함량을 높여 과일변질을 막는 방법이다.

이 가스조절 방법으로 6개월간 저장한 결과 과일의 싱싱함이 그대로 유지되었다고 한다. 그리고 이 저장법은 저장고의 설치가 간단한 장점도 있다. 발명은 모방에서 비롯된다는 말이 있고, 모방으로 인해 인류가 고등생물로 발전할 수 있었다는 말이 있듯 우리도 이런 과일 저장법을 더 보완하고 발전시켜 싱싱하고 맛있는 과일을 먹을 수 있도록 지혜를 모아보면 어떨런지…… 아무튼 연구해볼 일이다.

21. 관악기

관악기란 입으로 불어서 관 안의 공기를 진동시켜 소리를 내는 악기를 일컫는다. 플루트, 호른, 트럼펫, 클라리넷, 섹스폰 등이 모두 포함된다. 관악기의 기원은 역사가 시작되기 이전인 듯. 선사시대 유물 중 동물의 뼈에 구멍을 뚫은 원시적 형태의 플루트가 바로 그것이다. 기원전 3천년 경의 것으로 추정되는 이집트와, 유프라데스강 지역의 플루트가 발견되었고, 이것들이 현재로 발전된 것이다.

프랑스의 장 밥티스 휠리는 1681년 최초의 플루트 곡을 작곡하고, 독일의 테오발트 보옴이 19세기에 오늘날과 같은 형태의 플루트를 완성하였다. 호른은 원래 동물의 뿔로 만들었고, 호른에서 변형된 트럼펫은 기원전 2천년에 이집트에서 발견되었다. 오보에는 19세기 프랑스의 르레데릭 트리바르가, 클라리넷은 1670년 독일의 요한 크리스토퍼 덴너가, 섹스폰은 벨기에의 아돌프가 발명했다.

22. 광견병 예방약

프랑스의 어느 작은 마을 대장간에서 날카로운 비명소리가 들렸다. 파스퇴르의 친구인 니콜이 미친개에 물렸는데, 당시의 치료법은 불에 달군 쇠붙이로 상처를 지져대는 것뿐이었다. 그 장면을 본 소년 파스퇴르는 대학을 졸업한 후 화학교수가 되어 세균에 관한 연구를 시작했다. 그의 연구는 40년 동안 계속되었다.

그는 광견병을 예방하는 방법을 연구하며 토끼, 쥐, 개 등의 동물들을 대상으로 실험을 거듭했다. 마침내 파스퇴르는 탄저균을 가열하여 병을 일으키는 힘을 약하게 한 다음 양에게 몇 번 주사하여 면역이 생긴 혈청을 만들어 냈다. 1885년 7월 또다시 미친개에게 물린 9세의 소년에게 자신의 실험약을 주사한 결과 광견병의 증상이 전혀 나타나지 않음으로써 성공을 확신했다.

23. 광섬유

빛은 항상 직선으로 나간다. 그러나 광섬유는 빛을 휘게 한다. 광섬유는 유연한 유리 또는 투명한 플라스틱으로 된 실인데 연속적인 내부 반사로 빛을 전파시킨다. 빛은 매질이 다른 물질을 지나가면 굴절되는 성질이 있다. 굴절률이 큰 매질에서 굴절률이 작은 매질로 빛이 진행할 때, 입사각이 크면 빛이 매질 밖으로 나가지 못하고 모두 반사하는데 이 현상을 내부반사, 전반사라고 한다. 광섬유는 빛의 전달시 여러 번 반사해도 내부반사로 에너지 손실이 없으므로 먼 곳까지 빛을 보낼 수 있다. 내부반사의 실제

어떻게 이런 일이……

적인 응용은 1955년 인도의 물리학자 네린더 S. 카파니가 의사들이 인체내부를 관찰할 때 사용하는 도구인 엔도스코프에 광섬유를 넣음으로써 시작되었다. 1960년 코닝 글라스사는 빛에너지를 통과시키는 유리를 발명했다.

24. 교환이 필요 없는 오일

자동차의 오일은 주기적으로 교환해 주어야만 자동차가 제기능을 발휘하고 수명도 길어진다. 오일 교환은 꼭 해야 할 일이지만 귀찮기도 하고, 비용도 들며, 잊어버리는 경우가 많아 교환시기를 놓치는 경우가 종종 발생한다. 그렇게 되면 여러 모로 좋지 않은 현상이 나타나게 되고, 엔진오일을 교환할 때 나오는 폐오일 처리문제 또한 심각하다. 그런데 이에 대한 문제해결이 가능하게 되었다.

미국 플로리다에 있는 티에프 퓨리파이너사의 과학자들이 오일을 완벽하게 자체 정화시켜 갈아넣을 필요가 없는 시스템을 개발했기 때문이다. 이 시스템은 작은 깡통과 비슷한 모양으로 엔진의 압력 전달장치에 부착할 수 있도록 만들어졌는데 솜으로 만든 필터가 내장되어 있어 이 필터로 엔진 오일을 여과시키는 방법이다.

25. 구멍 뚫는 기계

우표에 수없이 나있는 바늘구멍들. 이것에 대해 진지하게 생각하는 사람은 거의 없을 것이다. 그러나 곰곰히 생각해보면 그것이 얼마나 유익한지 깨닫게 될 것이다. 우표에 절단선이 없다면 얼마나 불편할까? 그런 때가 있었다.

1854년 헨리 아처는 우체국에서 근무하면서 가위로 우표 수백 장을 자르느라 여직원의 손이 멍든 것을 발견했다. 헨리는 이 불편을 해결할 방법을 찾다가 바늘로 종이를 찔러댔다. 순식간에 흰 종이에 바늘구멍이 생겼다. 무심코 흰 종이를 잡아당기자 너무 쉽게 찢어졌다. 여기서 힌트를 얻은 그는 구멍을 내는 기계를 생각하다가 재봉틀에 실을 끼우지 않고 박음질하는 아이디어를 떠올렸다. 그리고 절단선을 찍어내는 기계를 완성한 것이다. 이 구멍 뚫는 기계 덕분에 우리는 우표뿐만 아니라 사무용지, 고지서 등을 쉽게 사용하게 되었다.

26. 구멍 뚫린 주전자 뚜껑

발명이란 멀리 있는 것이 아니다. 구멍 하나라도 꼭 필요한 곳에 잘만 뚫으면 훌륭한 발명이 된다. 일본의 후쿠이에는 주전자 뚜껑에 작은 구멍 하나를 뚫어 발명가가 되었다.

그는 평범한 샐러리맨으로 어느 날, 감기 몸살을 앓아 눕게 되었다. 그는 깊은 잠에 빠져들다가 난로에 얹어 놓은 주전자의 끓는 물로 뚜껑이 들썩거리는 소리에 제대로 쉴 수가 없었다.

'방안이 건조하여 물은 끓여야 하고, 뚜껑이 덜컹거려 잠은 잘 수 없고……' 생각다 못한 그는 마침 눈에 띈 송곳으로 주전자 뚜껑에 구멍을 내었다. 그러자 소음이 멈추었다.

단잠을 자고 난 그는 주전자 뚜껑을 살펴보았다. 물은 계속 끓고 있었지만 구멍 사이로 수증기가 알맞게 새어 나와 덜컹거리지 않았다. 후쿠이에는 간단하지만 실용적인 이 아이디어를 특허로 출원했다.

어떻게 이런 일이……

27. 군 함

고대의 이집트 시대부터 그리스 시대, 로마 시대 등에는 선
(船)이라고 하는 군선이 많이 활약하였다. 그 무렵의 군선은 많은
노를 배의 양쪽에 몇 단이나 장치하고, 뱃머리에는 날카로운 쇠붙
이들을 달아 상대방 배의 옆구리에 뱃머리를 부딪쳐서 침몰시키
는 전법을 쓰고 있었다. 그러나 중세에 이르러 배가 점차 대형이
되자 부딪치는 것만으로는 침몰시키기가 어렵게 되었기 때문에
부딪치게 한 다음 칼을 빼들고 쳐들어가서 싸우는 전법을 많이 쓰
게 되었다.

16세기 경부터 육지에서 대포를 널리 쓰게 되자, 배에도 대포
를 싣게 되었으며 군선은 군함으로 발달되었다. 19세기에 증기선
이 발명되자, 군함은 전 유럽에 퍼졌다. 장갑을 씌운 군대적인 군
함이 처음으로 만들어진 때는 1854년 경이며 그 무렵은 크림 전쟁
중이었다.

28. 귀 마 개

"손이 시려워 꽁, 발이 시려워 꽁"

눈이 내리면 밖은 온통 아이들의 웃음소리로 가득하다. 눈싸
움을 하거나, 썰매, 스케이트를 타려는 아이들 때문이다. 눈이 오
면 모두들 밖으로 뛰쳐나가고 싶어한다. 그럴 때 혹독한 겨울바람
에 빨갛게 부어 오르며 가장 추위에 시달리는 것이 귀다. 어머니
들은 아이들의 시린 귀를 보호해 주려고 귀마개를 씌워 보낸다.
이 귀마개를 처음 생각해낸 사람은 체스터 그린우드라는 어린 소
년이었다.

15세의 소년 체스터는 아버지를 졸라 스케이트를 선물로 받
았다. 그러나 체스터의 귀는 너무 약해 찬바람을 견뎌내지 못하고
동상에 걸렸다. 소년은 귀를 따뜻하게 하는 방법을 생각하다가 손
으로 감싸보았다. 무척 따뜻했다. 마침내 귀를 감싸는 방법으로
손대신 털가죽을 생각한 체스터는 어머니를 졸라 귀마개를 만들
어 쓰고 스케이트를 탔다.

29. 귀에 꽂는 전화기

이어폰처럼 귀에 꽂는 작은 전화기가 개발되어 화제가 되더
니 요즘은 길거리에서 느닷없이 혼자서 큰 소리로 웃는 사람들을
종종 볼 수 있게 되었다. 미친 사람인가 하고 보면 귀에 이어폰이
꽂혀 있다. 일명 '휴대용 전화기'로 불리는 이 전화기를 개발한 사
람은 전자기술과는 거리가 먼 오노 히로시. 그는 일본 대학 입시
센터 특별시험반에서 일하는 교수였다.

이 전화기는 이어폰과 비슷한 크기의 수신기를 귀에 꽂는 것
만으로 통화가 가능하기 때문에 휴대에 따른 불편함이 전혀 없다.
오노 교수는 휴대용 전화기 시장의 추세가 나날이 소형화되는 것
에 착안, 어떻게 하면 좀 더 작게 만들어 휴대를 편리하게 할 수
있을까 고민하다가, 학생들이 귀에 이어폰을 꽂고 공부하는 것을
보고 힌트를 얻어 귀에 꽂는 전화기를 만들어 낸 것이다.

30. 그림, 글자가 나타나는 소시지

우리가 사먹는 소시지를 굽거나, 삶으면 "생일 축하합니다"
또는 "당신을 사랑해요"라는 글귀와 멋진 그림이 나타난다면 얼마

나 재미있을까?

이런 재미있는 소시지가 미국 시카고의 식품포장회사인 비스케이스사에서 개발되었다. 상점에서 소시지를 살 때는 아무런 표시가 없지만, 일단 조리를 시작하면 글자나 그림이 나타나도록 되어 있다. 그러나 이 기술은 코카콜라의 제조방법과 마찬가지로 기업비밀로 감추어져 있다. 그래서 추리소설이나 영화에 나오는 비밀 잉크에서 힌트를 얻어 발명되었다는 사실과 비밀편지를 촛불같이 뜨거운 것으로 가열하면 서서히 글자가 나타나는 원리와 같다는 사실만 알 수 있을 정도이다. 어린이들이 좋아하는 만화영화의 주인공 등을 통한 광고효과도 기대된다.

31. 글라이더

최근 유행하는 공중 스포츠의 하나로 높은 산 정상에서 하늘을 날 수 있는 행글라이더가 있다. 기류를 타고서 초원 위를 날아 계곡을 지나 공중을 유유히 떠다니는 맛은 꽤 일품일 것이다. 이 것은 누가 만들어 냈을까?

근대 유체역학 이론에 따른 최초의 글라이더는 1804년 조지 켈러에 의한 것으로 그는 '근대항공의 아버지'로 불린다. 그는 1853년 싫다고 발버둥치는 마부를 억지로 태우고 글라이더를 띄웠는데 그의 삼엽 글라이더는 요크셔 계곡을 넘어서 날아갔다.

실용적인 글라이더는 독일의 오토 릴리엔탈에 의해서 만들어졌으나 그는 비행하다가 추락사하는 불행을 겪었다. 3축 방향으로 정확히 조종할 수 있는 완전한 글라이더는 라이트 형제에 의하여 발명되었다.

32. 글러브

야구에서의 포수 글러브와 마스크는 누가 만들어 냈을까?

투수와 타자의 화려한 승률과 타율에 가려 가장 외로운 위치인 포수이다. 홈플레이트 뒤쪽에 쭈그리고 앉아 번개처럼 날아드는 공을 잡으려면 시험 비행사 같은 배짱이 필요하다고 한다. 특히 1875년을 전후하여 강속구의 투수들이 속속 등장하면서 포수는 가장 힘들고 위험한 위치가 되어 버렸다. 당시만 해도 한 경기에 투수는 2, 3명이 투입되었으나 포수는 한 사람이 한 경기를 감당해야 하며 여간 힘든 것이 아니었다.

바로 이때, 포수인 제임스 티그니가 글러브를 위드롭 타이여가 마스크를 발명하여 포수를 위험의 구렁텅이에서 구해냈다. 티그니는 당시 벽돌을 쌓는 노동자들의 장갑 한 짝을 손바닥 부분에 엷은 납판을 넣어 사용하였다.

33. 금 고

거액의 화폐나 보석, 혹은 고가의 미술품 등의 귀중품은 보관에 어려움이 따른다. 그래서 사람들은 이 문제를 해결하기 위해 금고를 만들어 왔다. 금고는 화재나 범죄의 돌발적인 사태, 그리고 열이나 외부의 충격에도 손상되지 않아야 한다. 따라서 안전한 금고를 만들려면 상당한 기술이 필요하다. 제2차 세계 대전 직후 원자폭탄이 떨어진 히로시마에 외국제 금고가 덩그렇게 놓여 있었다. 그것을 보며 바로 그렇게 튼튼한 금고를 만들 것을 결심한 사람이 있었다. 바로 구마히라 부자(父子)다.

구마히라는 제작소에서 연구에 몰두했고, 드디어 철, 니켈,

어떻게 이런 일이……

크롬 등의 특수합금인 '구마히라 알로이'를 개발하는데 성공하여 일본은 물론이고 국제시장까지 진출, 전 세계에 금고의 명성을 떨쳤다. 구마히라는 금고에 멈추지 않고, 감시 카메라 등 은행의 안전에도 손을 댔다.

34. 금속쓰레기로 만든 황금

금속쓰레기에서 금을 뽑아내는 방법을 개발하여 돈방석 아닌 금방석에 앉은 사나이가 있다. 홍콩의 기업가 레이몬드.

그는 원래 금이나 보석, 액세서리를 만들어 팔았다. 그런데 어느 날, 산업폐기물 속에 금성분이 들어 있다는 뉴스를 듣고 이 일에 뛰어 들었다. 세계 각국에서 금속쓰레기를 수입하여 필요한 성분을 뽑아내려고 노력했지만 거듭 실패만 했던 그가 연구를 계속하여 드디어 폐기처분 직전의 집적회로 판이나 반도체 같은 컴퓨터 부품에서 순금만을 추출하는 방법을 개발한 것이다.

금속폐기물의 산화, 전기분해, 용해 등 복잡한 과정을 거쳐 생산되는 금의 순도는 88%이다. 중국 정부의 지원으로 광동성 광주에 금속 재활용 공장을 설립한 그는 미국의 대형 컴퓨터 회사에서 못쓰게 된 회로 판을 싸게 구입중이다.

35. 기 관 차

수백년 동안 증기기관차는 가장 중요한 육상운송수단이었다. 증기를 이용한 최초의 탈것은 1769년 니콜라스 커그넛이 만들었다. 이것은 제임스 와트가 실용적인 증기기관을 발명한 지 4년만의 일이다. 최초의 레일을 달리는 기관차는 1802년 웨일즈의 리처드 트레비식크가 발명.

　기관차 발전의 기념비적인 사건들은 모두 영국에서 일어났다. 1812년 기관차의 대량생산이 존 블랭킨섭에 의해 이루어진 것이 그 하나다. 또한 최초의 고속 기관차 로켓호는 1829년 로버트 스테펜슨과 그의 아버지 조지가 발명. 최초의 여행용 기차는 1829년 미국의 피터 쿠퍼가 만든 '톰썸'이다. 이중 연결 기관차는 1887년 유럽에서 처음 나왔고, 미국에는 1904년 도입되었다. 1895년에는 미국에서 최초의 전기 기관차가 선보였다.

36. 기 관 총

　총알을 빠르게 계속 쏜다는 것은 전쟁에서 매우 중요한 일이다. 화살에서부터 총기에 이르기까지 제작자들은 한 번 발사한 뒤, 다시 장전하는 시간을 줄이기 위한 방법을 연구해 왔다. 시간당 발사 횟수를 늘리는 첫 시도는 사무엘 콜트의 리볼버와 벤자민 타일러 헨리의 자동 장전식 소총에서 시작되었다. 그러나 둘 다 발사 직후 다시 쏠 수 있지만 연속적으로 쏘지는 못했다.

　19세기 초, 연속발사화기를 만들기 위해 여러 가지 시도가 있었는데 최초의 실용적인 무기는 리처드 조단 게틀링이 발명한 게틀링 기관총이었다. 이 기관총은 남북 전쟁(1861~1865)당시 미 육군에 의해 제한적으로 사용되었으며 대단한 위력을 발휘했다. 최초의 완전 자동 기관총은 1884년 미국의 히람 맥심에 의해 발명되었다. 20세기에 만들어진 기관총들은 맥심의 원리를 채용한 것이다.

어떻게 이런 일이……

37. 기 구

　옛날부터 사람들은 하늘을 나는 꿈을 키워왔다. 이러한 사람들의 꿈과 노력의 결과가 처음 나타난 것이 바로 몽골피에 형제의 기구 발명이다.

　약 200년쯤 전, 프랑스의 시골에 몽골피에라는 사람이 지물상을 운영하고 있었다. 그는 얇은 종이자루의 입을 아래로 하여 불을 쬐고 있었다. 자루를 만들 때 종이에 묻은 풀을 빨리 마르게 하기 위해서였다. 그런데 그만 그것이 두둥실 하늘로 떠올라가고 말았다.

　"아, 재밌다. 더 큰 자루에 강한 불을 쪼인다면 사람도 타고 날겠어!" 몽골피에 형제는 다양한 모양의 크기와 자루를 만들며 연구를 하다가 자루의 비밀이 따뜻한 공기임을 알아냈다.

　1783년 어느 날, 드디어 지름이 11미터나 되는 커다란 자루, '기구'의 실험이 시작되고, 마침내 동물을 넣어 떠오르게 하는데 성공했다.

38. 깎지 않는 연필

　20여 년 동안 꾸준히 사랑을 받아온 '깎지않는 연필'은 이런저런 발명을 좇다가 엉뚱하게 얻어진 발명품이다. 발명가는 대만의 홍려.

　대장장이 아버지를 따라 기술을 익히며 자란 그는 일찍이 발명의 매력에 빠져들었다. 연구실인 헛간은 밤새 불이 꺼지는 일이 거의 없었고, 그 덕에 1백여 건에 달하는 작품을 만들어 냈지만 어느것도 히트하지 못해 빚에 쪼들렸다. 하루밤새 기록하는 아이디어나 연구과정만도 16절지로 20여 장에 달할 정도이다. 따라서 가장 번거로운 작업 중 하나가 연필 깎는 일이었다. 당장의 불편에 지친 그는 다른 연구를 중단하고 '깎지 않는 연필'에 매달렸다. 그리고는 어느 날, 양치질을 하는중 치약에서 힌트를 얻어 꽁무니를 누르면 치약이 나오는 원리를 연필에 응용한 것이다. 이것은 곧 세계적인 수출상품이 되었다.

어떻게 이런 일이……

1. 나 사

나사는 직각 삼각형 종이를 원통에 감았을 때 그 빗변에 생기는 선, 즉 나사 선을 따라 홈을 판 것이다. 일반적으로 나사는 원통 주위를 감고 있는 경사면이라고 볼 수 있다. 여기서 감겨진 나선을 나삿니라 하고, 축 방향으로 산과 산 사이의 간격을 피치(pitch)라고 한다. 피치는 나사를 딱딱한 물건에 대고 한바퀴 돌렸을 때 파고 들어가는 거리와 같다. 나사의 개념은 그리스의 수학자 겸 발명가인 아르키메데스에 의해 최초로 설명되었다. 그는 나사를 이용하여 개울에서 관개수로 물을 퍼 올리는 회전펌프를 만들었다고 한다. 또한 그는 나사를 물에 비스듬히 박아 넣고 회전시켜 물이 나선을 따라 위로 올라와 쏟아지는 것을 사람들 앞에서 실험해 보였다. 나사못은 원뿔형의 금속에 나선이 새겨진 것으로 단단히 박히게 된다.

2. 나 일 론

거미줄보다 가늘고 강철보다 강한 실은 무엇일까? 1927년 경 미국의 뒤퐁 회사는 세계에서도 굴지의 기업으로 나날이 발전을 거듭하고 있었다.

"우리 회사를 더 발전시키기 위해서는 연구비에 1억원을 쓰더

라도 1백억원을 벌 수 있는 새 상품을 개발하자" 뒤퐁의 간부들은
이렇게 의논하고, 뛰어난 화학자 캐러더즈를 초빙했다.

"식물 섬유가 아닌 인공섬유를 개발해 보자"

캐러더즈는 연구에 연구를 거듭하여 1938년 석탄과 공기와
물에서 나일론을 만들어 냈다. 나일론은 여성들의 양말로 시판되
어 그 후 낙하산, 어망, 로프, 타이어의 심, 인조 피혁 등에 이용
되어 나일론 시대를 열어나갔고, 뒤퐁회사는 연구비의 몇 백배를
벌게 되었다. 심은 대로 거둔 것이다.

3. 나 침 반

자석으로 방위를 아는 방법은 옛날부터 알려져 있었다. 11세
기 경 송나라의 심활이 자침을 연구하여 '지남철'이라는 이름으로
선원들 사이에서 쓰였다.

13세기에 마르코폴로가 중국에서 자석을 들여와 유럽선원들
도 자침을 썼다. 1560년 경 이탈리아의 카르다노가 새로운 자침의
장치를 발견하였다. 이것은 배가 아무리 흔들려도 자침이 바르게
수평이 되도록 한 3환식 환조법인데 자침이 가리키는 방위는 한층
정확했다. 이 장치를 '나침반'이라고 불렀다. 이것은 나무로 만든
목선의 경우는 문제가 없었으나 철선이 만들어지자 영향을 받아
소용이 없게 되었다. 1874년 영국의 캘 빔이 철에 영향을 받지 않
는 정확한 나침반을 발명하였다. 또 19세기에 프랑스의 푸코는 자
침을 쓰지 않는 컴퍼스를 발명하였다. 그리고 팽이를 써서 자이로
컴퍼스를 만들었다.

어떻게 이런 일이……

4. 나침반 물통

등반대의 필수품으로 손꼽히는 물통과 나침반. 이 두 가지의 물건을 하나로 만들어 크게 히트한 발명품이 있다. 이름하여 뚜껑에 나침반을 붙인 물통. 이 물통도 세계적인 발명품으로 기록되고 있다. 산이 있어 세상 살맛이 난다는 일본의 젊은 등산가 야마시타.

그는 일본의 산은 모조리 정복했을 정도로 등반에 관한 한 전문가였다. 그런데 어느 날, 등반 도중 길을 잃고 말았다. 배낭을 뒤져 나침반을 찾았지만 그 날 따라 나침반을 가져가지 않았다. 날은 어두워지는데 가진 것은 허리에 찬 물통 하나뿐이었다. 그나마도 없었으면 큰일날 뻔했다는 아찔한 생각이 들어 물통 뚜껑을 열었다. 그 순간 기발한 아이디어가 떠올랐다. 야마시타는 물통 뚜껑에 나침반을 붙여 놓으면 잃어버릴 염려가 없을 것이라는 생각을 한 것이다. 대성공이었다.

5. 낙 하 산

낙하산은 1797년 프랑스의 앙드레 자크 가르네런이 발명하였다. 그는 프랑스 혁명 때 오스트리아에 항거하는 의용군에 참가하였다가 포로가 되어 헝가리의 부더 요새에 유폐되었다. 그는 옥중에서 탈옥만을 궁리했다. 그 곳에서 탈출하려면 높은 성벽에서 뛰어내리는 방법밖에 없었다. 그러므로 어떻게 낙하속도를 약화시키느냐가 문제였다.

가르네런은 바람을 안고 펴지는 커다란 우산을 설계하여 그것으로 탈주할 계획을 세웠다. 때마침 혁명이 끝나 이 계획은 무산되었지만 그는 출옥 후에도 계속하여 낙하산을 만들어 실험하

였다. 최초로 만든 낙하산은 직경 7미터의 백포에 32개의 살 대를
붙여 꼭대기를 잡아매고, 그 아래 나무로 만든 타거를 두르게 한
것이었다. 그는 900미터의 공중에서 낙하산을 타고 지상으로 낙
하하는데 성공하였다.

6. 낚싯바늘

남자들의 끓는 가슴을 식혀주는 레포츠로 낚시가 있다. 바
다, 혹은 저수지 등에 가면 물 속에 낚싯대를 드리우고 하염없이
바라보는 장면을 볼 수 있다. 월척을 낚으면 행운이고, 피라미라
도 잡으면 그만이겠지만 물고기에는 그야말로 수난사를 쓰게 하
는 낚싯바늘은 어떻게 만들어졌을까? 기원전 4500년 이후 신석기
시대의 지층에서 낚싯바늘이 처음 나타났다. 유럽 북부에서의 낚
싯바늘은 중석기 시대의 것으로 팔레스티나에서도 등장.

수단, 오스트레일리아, 중국에서는 굴 껍질, 조가비 등을 낚
싯바늘로 이용했다. 금속이 등장하자 금속으로 만들어졌고, 다뉴
브 하류에서는 동의 조각으로 낚싯바늘을 만들었다. '턱'이 달린
바늘은 물고기의 입안에 걸려 꼼짝 못하게 하는데 이것은 기원전
3천년 경 에스키모, 인디언 등이 처음 사용했다.

7. 내 시 경

수술을 하지 않고도 인체의 내부를 속속들이 볼 수 있는 작은
카메라, 이른바 내시경이다. 이것은 현대 의학의 수준을 한 단계
높인 발명품이다. 독일의 크스마울이 1869년에 만든 금속제 막대
기 모양이 내시경이 최초이다.

어떻게 이런 일이……

그런데 미국의 허쇼위츠가 이 가늘고 긴 쇠막대를 보며 신기하게 생각했다. 내시경의 발달은 획기적이었지만 실제로는 그다지 쓰이지 않았다. 그 쇠막대를 뱃속에 집어넣으면 환자들이 무척 고통스러워했기 때문이다. 허쇼위츠는 그것을 보며 몇 가지 결점을 보완하기로 했다. 그러나 방법이 떠오르지 않아 고민하던 그는 어느 날, 두 팔에 얼굴을 묻었다. 그의 손안으로 머리카락이 엉켜 들었다. 이 가늘고 부드러운 머리카락에서 힌트를 얻은 그는 1958년 유리섬유를 이용하여 파이버스코프라는 내시경을 완성, 정확한 진단을 가능케 했다.

8. 냄새로 사람식별 장치

첨단경보시스템에 대한 관심이 무척 늘고 있는 요즘, 냄새로 사람을 알아보는 장치가 개발되어 관심을 끌고 있다. 특히 출입문에서의 안전 시스템은 사람의 지문이나 음성, 망막을 분석해서 등록된 사람이 아니면 출입을 거부하는 것이 최첨단으로 여겼는데 사람의 후각보다 월등히 발달한 컴퓨터 센서의 개발로 기존의 첨단제품과 성능을 놓고 자웅을 겨루게 되었다. 미국 보스턴에 있는 터프츠대학의 화학과장인 데이비드 왈트와 신경과학의 존 카우어 교수의 발명품인 이 예민한 코는 섬유광학 센서와 신경 네트워크 소프트웨어를 결합해서 여러 냄새를 분간해 내는데, 1백만 개 이상의 물질을 분간한다. 특허로 등록된 이 시스템은 사냥개보다 더 민감해, 안전시스템뿐만 아니라 의료분야에도 무궁무진하게 적용이 가능하다고 한다.

9. 냉동 식품

　　오래 전부터 사람들은 냉기가 음식물의 부패속도를 억제한다
는 것을 알았다. 이 분야를 연구하기 위해 프란시스 베이컨은 닭
을 눈에 채워서 얼리려고 하다가 그 냉기가 원인이 되어 죽었다.
그러다가 고기와 야채를 보존하기 위한 비결은 극단적인 추위가
아니라, 얼리는 속도에 있다는 것을 깨달은 사람이 버즈아이.

　　제1차 세계대전 직후 여행을 하고 있던 버즈아이는 라브라돌
에서 돌아오자 자기 집 부엌에서 토끼고기와 지느러미 살을 사용
하여 실험했다. 그리고 뉴저지의 냉동공장에서 실험했다. 그는
종이상자에 음식물을 넣고 두 개의 냉동판 사이에서 짓누르는 한
가지 방법을 개발했다. 이 방법은 현재도 사용되고 있으며 송풍
냉동하는 방법으로 바뀌었다. 포장된 냉동식품은 1930년 상품화
되었고, 급속 냉동법이 개발되었다.

10. 냉 장 고

　　요즘 냉장고가 없는 가정은 거의 없으리 만치 필수품이 되어
버렸다. 이 냉장고는 누가 어떻게 만들었을까? 현재 널리 알려진
냉장법은 미국인 야콥 파킨스에 의해서 알려졌다. 그는 인생의 대
부분을 영국에서 지냈는데, 그의 영국 특허 명세서 속에 증기 압
축 사이클을 적고 있다.

　　"이 사이클에서는 휘발성 액체의 증발에 의해 냉각이 이루어
지고 동시에 휘발성 액체를 항상 응축하며 손실 없이 되풀이하여
운전에 이용한다"

　　어느 여름 날 오후, 그의 모델 기계로 소량의 얼음을 만드는

데 성공한 기계공은 너무 기뻐서 그것을 담요에 싸서 마차로 런던 교외에 있는 파킨스의 별장으로 운반했다고 한다. 1862년 인쇄공인 제임스 해리슨이 활자의 세척에 에테르를 사용하다 냉각효과를 발견하고 만든 것이 냉장고 1호다.

11. 녹 음 기

자기(磁氣)기록의 원리는 가는 선 또는 테이프에 아주 작은 크기의 판독 가능한 영역을 만드는 것이다. 이러한 자기기록의 이론은 1888년 영국의 오벌린 스미스에 의하여 제기되었으나, 철사 줄을 이용한 최초의 자기 녹음기는 1898년 덴마크의 발데마 포울센이 만들었다. 포울센은 그의 발명품을 '텔리그래폰'이라고 불렀다.

1927년 미국의 J. A 오닐은 리본에 산화철을 코팅한 자기 기록 시스템을 개발하였다. 1928년 독일의 프리치 프로이머는 오닐의 리본과 같은 아이디어로 종이 테이프를 이용한 시스템을 만들어 독일의 화학회사인 AEG에 팔았고, 이것을 BASF가 사들였다. 그들은 종이 대신 셀룰로스 아세테이트를 사용했다. 최초의 상업적인 녹음은 1946년 독일의 BASF 공장에서 오케스트라의 연주를 담은 것이다.

12. 농 구

콜롬버스가 아메리카 대륙을 유럽에 소개한 후, 많은 청교도인들이 종교적 탄압을 피해 그 기회의 땅으로 밀려 갔다. 사람들은 큰 꿈을 안고 미개척의 땅에 도착했으나 그들이 가진 것은 희망과 노동력뿐이어서 땀을 흘리는 것을 최고의 미덕으로 생각하게 되었다.

　미국인들이 지금도 스포츠를 몹시 사랑하는 것은 바로 이런 이유에서이고, 선수들이 땀흘리며 경기를 할 때 찬사를 아끼지 않는다. 특히 미식축구와 야구, 농구에 대한 애착은 놀랍다. 그 중에서 농구는 스프링필드 대학 YMCA 체육학교의 연구원 제임스 네이 스미스에 의해 창안된 경기이다.

　1891년 가을 어느 날, 네이 스미스는 난로가에 앉아 학생들이 실내에서 할 수 있는 경기가 없을까 생각하다가 축구공으로 체육관 한쪽에 놓인 복숭아 바구니에 넣기를 시도한 것이 시작이다.

13. 농산물에 들어 있는 곤충탐지 장치

　곤충에 의하여 피해를 입는 농작물의 양은 엄청나게 많아서 경우에 따라서는 전체 농작물의 20~50%에 다다른다. 이런 사정으로 각 나라에서는 이런 곤충을 없애기 위해 농약을 살포하거나, 다른 나라에서 들어오는 농작물의 수입을 엄격하게 규제한다. 벌레 먹은 농작물이 들어와 피해를 입히는 것도 문제지만 애벌레가 번식하여 더 큰 피해를 줄 수도 있기 때문이다. 그러나 지금까지 이런 피해를 막기 위해 곤충을 탐지하는 방법은 유일하게 눈으로 검사하는 것뿐이었다. 그러나 이 방법은 정확하지가 않고 시간도 오래 걸린다.

　하지만 미국 농무부의 기술자 웨브라의 발명으로 모든 손실을 막게 되었다. 웨브라가 많은 연구비를 들여 완성한 기술은 곤충들이 농작물을 먹을 때 내는 소리를 도청하는 방법이다. 아무리 작은 곤충도 10~15초면 확인된다.

어떻게 이런 일이……

14. 농 약

　모두들 무공해 식품이니, 토종이니 하며 청정작물을 찾고 있다. 그만큼 농약의 폐해가 심각해졌고, 인체의 건강을 유지하기가 어렵게 되었다는 뜻이다. 아주 먼 옛날에는 식생활에 그리 큰 문제가 없었을 것이다. 왜냐하면 먹을 것이 곳곳에 많고, 그 중 맛있는 것만 골라서 먹었을 테니 말이다. 그러나 인구가 증가하면서 사람들은 한 곳에 정착하여 농사를 지었고, 농작물의 효과적인 재배에 대한 연구를 해야 했다. 갈수록 인구는 늘고, 먹을 것은 더 필요했기 때문이다. 그런 이유로 궁리를 거듭하여 병충해로부터 작물을 보호하는 방법을 찾게 되었다. 이 방법은 18세기 경에 처음 시작되어 제충국이나 담배, 황 등을 작물에 뿌려 병충해를 막았다. 그러다가 화학약품을 농약으로 처음 사용한 것은 1761년 슐레트라는 사람이 황산구리를 쓰면서부터이다.

15. 뇌파대화장치

　컴퓨터를 이용, 뇌파에 의해 의사를 전달할 수 있는 장치가 개발되었다. 의사전달 보조장치라고 불리는 이 장치는 일본 돗토리대학의 이노우 교수에 의해 개발되었다. 특별한 말과 행동이 없이 생각만 하면 그 단어가 컴퓨터에 나타나게 되어 있어 말을 못하는 환자나, 행동이 부자연스러운 사람이 유용하게 쓸 수 있다.

　이노우 교수는 뇌가 자극을 받으면 약 0.3초 후에 'P300'이라는 뇌파가 나온다는 사실을 알아냈다. 이 뇌파는 자극의 종류에 따라 여러 가지의 종류로 발생된다는 것도 밝혀졌다. 이 연구결과를 토대로 환자의 머리에 뇌파를 측정하는 전극을 붙이고, 텔레비

전 화면에 여러 단어를 차례로 표시, 그 단어를 보았을 때 나오는
뇌파를 컴퓨터에 기억시켜 환자가 생각만 해도 화면에 그 단어가
표시된다.

16. 눈으로 통제되는 컴퓨터 시스템

컴퓨터는 눈으로 보고, 손으로 조작을 해야만 가동되는 기계
인데 손을 대지 않고도 가동되는 컴퓨터 시스템이 나와서 화제가
되고 있다.

최근에 열린 몬테카를로의 과학 페스티벌에서 과학자들은 눈
의 움직임으로 컴퓨터를 통제하는 시스템을 선보였다. 이는 장애
자용 워드프로세서로부터 전투기의 무기시스템까지 눈으로 조작
할 수 있도록 되어 있다. 그 중에 시선을 끄는 것이 '아이 게이즈'
라 불리는 시선 이동감지 시스템이다.

이것은 컴퓨터 스크린 밑에 장착된 비디오 카메라로 눈동자
의 움직임과 시선의 방향을 감지하여 컴퓨터를 움직이게 하는 것
으로 비디오 카메라의 렌즈 중심부의 적외선을 발사하는 레드
(RED)가 적외선 각막에 반사, 수정체를 빛나게 하는 곳을 분석하
여 영상분석프로그램을 통해 컴퓨터가 가동된다는 것이다.

어떻게 이런 일이……

1. 다단식 로켓

'어떻게 달나라에 갈 수 있을까?'

러시아의 치올코브스키라는 엔지니어가 로켓으로 달나라 여행을 계획하고, 그 방법을 연구하기 시작했다. 로켓은 될 수 있는 데까지 빠른 속도를 내는 일에는 좋으나 연료가 순식간에 타버리는 단점이 있어 1개로는 발사속도에 한계가 있었다. 그래서 1개가 거의 타버릴 무렵, 그로부터 2개째를 발사시키는 방법으로 로켓 열차를 만들면 된다는 것이 치올코브스키의 설명이었다. 그는 로켓을 실지로 제작하지는 않았으나 '다단식 로켓'의 힌트를 처음 내놓은 사람이 되었다.

최초로 사용된 다단식 로켓은 제2차 세계 대전중에 미국이 사용한 로켓탄이었다. 전후, 미국과 소련에서는 여러 다단식 로켓·미사일을 연구하였고 그것이 인공 위성으로 모습을 나타나게 되었다.

2. 다리미 덮개

발명 옆에 발명 있다. 미국의 제이미 여사가 발명하여 부와 명예를 얻게 된 다리미 덮개가 그 대표적인 사례다.

미국의 화학섬유회사인 듀폰이 섭씨 4백도의 높은 열에서도 끄떡없이 견뎌내는 불연성 섬유를 발명하여 세계를 깜짝 놀라게 했다. 이 섬유의 출현을 들은 사람은 그저 감탄할 뿐이었지만 제이미 여사만은 달랐다. 고열에도 견디고, 불에 타지 않는 섬유라면 뭔가 다른 상품을 만들어도 될 것 같다는 생각을 하게 되었다.

그러다가 남편이 입을 바지를 다림질하던 그녀는 듀폰의 새 섬유로 다리미 덮개를 만들면 좋겠다는 아이디어를 떠올렸다. 다림질 할 바지 위에 천을 덮는 불편함 대신 다리미에 천을 씌우면 매우 편리할 것이라는 생각이었다. 즉시 발명품을 만들어 시장에 내놓자 인기는 폭발적이었다.

3. 다이너마이트

오늘날 세계에서 가장 명예롭고 권위 있는 상으로 불리는 노벨상이 있다. 우리 나라도 얼마 전 처음으로 노벨상을 받은 사람이 탄생했었다. 이 노벨상은 다이너마이트의 발명으로 시작되었다. 발명가는 노벨.

당시 그는 전문 과학자도 아니고, 액체폭약을 생산하는 아버지의 일을 돕는 평범한 청년이었다. 그즈음 사용한 액체폭약은 니트로 글리세린이라는 화학물질을 원료로 했는데 이것은 조그만 충격에도 잘 폭발하는 성질을 가지고 있었다. 수시로 폭발사고가 발생하여 사람들이 죽거나 다쳤는데 노벨의 동생도 희생자가 되었다. 어느 날, 노벨은 실수로 실험대 위에 액체시약병을 넘어뜨렸는데, 때마침 숯가루 쪽으로 시약이 쏟아졌다.

'맞아, 액체를 고체로 만들면 안전하겠구나' 이렇게 생각한 노벨은 결국 규조토를 이용한 다이너마이트를 만들었다.

어떻게 이런 일이……

4. 다이아몬드

모든 보석은 옛날이나 지금이나 부와 아름다움의 상징으로, 많은 사람들의 사랑을 받으며 온갖 장식품으로 만들어져 그 가치를 인정받고 있다. 그 중에서도 다이아몬드는 단연 으뜸이다. 최고의 보석으로 각광받는 다이아몬드를 인공적으로 만들어 보고자 한 것은 어쩌면 당연한 일인지도 모른다.

금을 만들어 보려 연구했던 연금술사들의 숱한 노력에도 불구하고 순수한 금의 인공제조는 실패했지만, 루비나 사파이어, 진주, 다이아몬드 등과 같은 보석은 인공적으로 만들어져 진품과 거의 비슷한 가치를 지니게 되었다. 산화 티타늄을 산 수소 불꽃으로 용해하여 굳히면 다이아몬드와 흡사한 보석이 된다. 이 인조다이아몬드는 1955년 미국의 제너럴일렉트릭사에서 처음으로 만들었다. 인조다이아몬드는 금속의 칼날 연마제, 전축의 바늘 등에 쓰이기도 한다.

5. 단 추

단추는 어떻게 만들어졌을까?

기원전 3천년 초, 인더스 강 골짜기 모헨조다로에서 꼬불꼬불한 조개의 부적이 발견되었는데, 그것에 두 개의 구멍이 뚫려 있어 단추로 쓰였음을 알 수 있었다.

스튜어트 피고트에 의하면 북부 잉글랜드와 스코틀랜드 유적에서 기원전 2천년 초의 것으로 생각되는 칠흑의 단추가 발견되고 있는데, 이것은 지중해 연안에서 유행한 핀으로 잠그는 옷이 영국에 늦게 건너온 탓이라고 한다. 중세기 말, 단추는 옷을 잠그기 위한 것과, 장식용의 두 가지 용도로 일반인들에게 보급되었다. 18세기 버밍검이 영국의 공업 중심지가 되었는데 거기서 만들어진 제품이 대량 생산되고, 차츰 기계화하게 되었다. 이미테이션(모방)단추, 바텔의 단추, 피복 단추, 금속제, 상아 단추 등이 있다.

6. 단 팥 죽

우리 나라에서는 동지죽이라고 하여 밤이 가장 긴 동짓날에 팥죽을 쑤어먹는 풍습이 있었다. 동지팥죽은 팥물에 찹쌀로 만든 새알을 넣어 만든다.

그런데 요즘 인스턴트 식품으로 나와 있는 팥죽은 대개가 다 단팥죽이다. 말 그대로 단맛이 강한 팥죽인 것이다. 이 단팥죽도 상당한 인기를 얻은 식품으로 일본에서 시작된 발명품이다.

타니겐노조는 어느 극장 앞에서 작은 상점을 내고 완두, 빙수, 찹쌀떡 등을 파는 가난한 상인이었다. 그런데 그의 가게를 찾는 손님이 줄어 가난 때문에 부부싸움까지 잦던 어느 날, 묘수를 생각하다가 완두를 먹으러 온 손님에게 찹쌀떡의 팥소를 넣어준 것을 계기로 팥소가 든 완두콩을 팔게 되었다. 여학생과 여인 등 단 것을 좋아하는 사람에게 인기를 얻으면서 '완두 단팥죽'으로 불리며, 많은 사람들이 찾게 되었다.

7. 달 력

인간이 농경생활을 하게 되자, 씨뿌리기나 수확의 시기, 폭풍이 많은 계절, 큰 비가 오는 계절, 가뭄이 계속되는 계절 등을 기억해 두기 위해 달력이 필요하게 되었다.

어떻게 이런 일이……

달력에는 태양력과 태음력이 있다. 중국에서는 기원전 6백년 경인 춘추시대에 태양음력이 만들어지고, 그리스에서도 기원전 5세기에 메톤이라는 사람이 비슷한 달력을 만들었다. 중국이나 메톤이 발명한 것은 태음력이다. 태양력은 이집트에서 발명되어 6천년 전에 1년을 365일로 하여 이미 사용되고 있었다. 이 달력은 4년에 약 하루씩 차이가 난다.

현재 전세계에서 쓰이고 있는 달력은 로마의 교황 그레고리오 13세가 로마의 율리우스력을 개정한 것으로 1년이 365.2425일이다. 서기 연수가 4로 나뉘는 해를 윤년으로, 2월 끝에 윤일이 있다.

8. 닭털 유류 제거기

바다 위에 누출된 유류를 제거하는 데 닭의 깃털을 사용하는 방법이 발명되었다. 이 방법은 닭의 깃털을 가득 담은 사각형의 주머니를 누출유류로 오염된 수역에 던져두면 신기하게도 유류를 깨끗이 흡수하므로 이를 회수하여 소각 처리하는 것이다.

이 방법은 런던을 사업본거지로 하고 있는 미국의 국제변호사 알 크로티가, 유조선 좌초로 엄청난 유류가 누출되어 심각한 해상오염을 일으켰던 해에 생각해낸 것이다. 그는 1967년 영국의 콘월주 토리 협곡 사건에 관한 사진들을 들여다 보다가 괴어 있는 물에서 사는 새들이 기름에 젖어 끈적끈적해진 채 더러운 해변에 몰려 있는 것을 보고 착안했다. 크로티의 묘안은 어디서나 쉽게 구할 수 있는 닭의 깃털을 평평한 백색 주머니에 담아 만들어 시클린이라는 이름을 붙여 성공적으로 사용되었다.

9. 대 포

사람들은 화약을 만들어낸지 얼마 후, 통을 사용한 화기를 생각하게 되었다. 그러나 최초의 대포와 발명가의 기록은 없다. 다만 중국의 굵은 대나무로 만든 죽동포, 스페인에서 아라비아인이 사용했던 양동이 비슷한 포가 최초라고 말할 뿐이다.

유럽에서 처음으로 대포가 사용된 것은 1303년 서독 암베르크의 시가지 싸움에서였다. 대포에 관한 최초의 확실한 기록은 "1326년 피렌체 의회의 명령에 의하여 포탄과 포선이 준비되었다"는 기록이다. 초기 대포의 위력은 병용되고 있던 투석기(돌을 던지는 기계), 발리스타(공성 돌 던지기 장치), 대노(큰 돌쇠)보다 약간 나은 정도의 것이었다. 그러나 대포를 다루는 기술은 차츰 진보되고, 그에 따라서 성을 쌓는 기술을 바꾸어 나가며 대포도 개량되었다.

10. 도넛구멍

도너츠를 모르는 사람은 아마 거의 없을 것이다. 우유와 계란, 버터를 주로 사용한 지방과 단백질 식품으로 맛이 부드러워 어린이에서부터 어른에 이르기까지 모두들 좋아하는 식품이다. 그런데 도너츠 하면 가운데 구멍이 뻥 뚫린 것을 먼저 떠올린다. 이 구멍은 어떻게 생겨났을까?

미국의 한슨 크로켓 그레고리는 소년 시절부터 어머니가 만들어 주신 프라이 케익을 몹시 좋아했다. 그런데 케이크는 종종 가운데가 덜 익어 있었다. 그레고리는 그 문제를 생각하다가 케이크의 가운데 부분을 포크로 뚫어 구멍을 냈다. 이것이 도넛에 큰

어떻게 이런 일이……

구멍을 뚫은 첫 시도였고, 또한 그가 배에서 풍랑을 만났을 때 요리사가 던져준 도넛을 잃지 않으려고 타륜의 손잡이에 끼워넣은 것이 무용담이 되어 뱃사람들에 의해 유행을 타게 되었다.

11. 도 르 래

도르래는 여섯 가지 기본적 기계 요소 중의 하나이다. 이것은 바퀴에 기초를 두고 있고, 그리스의 과학자이며 수학자인 아르키메데스가 처음으로 발명하였다. 도르래는 바퀴에 줄이나 벨트 또는 체인을 걸어 힘을 방향을 바꾸거나 힘의 효력을 확대하는 장치이다. 도르래는 기능면에서 분류하면 크게 두 가지로 나눈다. 고정도르래와 유동도르래이다. 고정도르래는 힘의 방향을 바꾸어 물건을 쉽게 들어올릴 수 있는 장점이 있으나, 힘의 효과를 크게 하는 작용은 없다. 반면 유동도르래는 물건의 무게와 도르래의 무게를 합한 것의 절반의 힘이 들며 줄을 보통보다 길게 끄는 대신 힘의 효과를 크게 한다.

이 둘의 단점을 보완한 것이 복합도르래인데, 힘의 방향을 바꿈과 동시에 힘의 효과를 확대하였다.

12. 돔형 건물과 텐트

대부분의 사람들은 건물이나 빌딩 하면 사각형 모양을 많이 생각할 것이다. 그러나 엉뚱하게도 삼각형과 둥근 형을 생각해낸 사람이 있었다. 자동차 메이커인 포드사의 돔공장과 플러텐트를 발명한 플러가 바로 그 발명가이다.

1895년에 태어나 1983년에 세상을 떠난 플러는 미국이 낳은

이색적 천재로 기록되고 있다. 플러는 사람이 선 것 같은 감각형이 안정성이 뛰어난 강한 구조라고 생각하였다. 그리고 생물의 알이 둥근 데서 착안, 구형에 대해서도 관심을 두었다. 그리고 최소의 에너지로 최대, 최적의 효과를 생각하다가 포드사의 공장을 돔형으로 지었다. 그리고는 이 돔형을 텐트에 사용해 보기로 하고, 짧은 알루미늄 폴을 여러 개 이어서 적당한 유연성을 가진 풀이 되게 하고, 반원모양으로 휜 폴 두 개를 교차시켰다. 완벽한 착상이었다.

13. 두더지 로봇

상점가나 주택가의 좁은 도로를 마구 뒤집어 놓고, 하수도관을 묻는 공사는 사람들에게 번거로움과 불쾌감을 가져다 주며 우선 귀찮기 그지없다. 그러나 이런 불편이 두더지 같이 땅속으로 들어가 팔 수 있는 기계가 발명됨으로써 말끔히 해소되었다. 이 기계의 출현으로 빠르고, 안전하게 공사를 진행할 수 있게 된 것이다. 이 특수 기계를 발명한 사람은 일본 야마토기건 ㈜ 회사의 아라키 사장이다. 두더지 굴착기를 개발하면 히트할 것이라고 생각한 아라키는 1978년, 30년 동안 근무한 건설회사의 간부자리를 버리고 독립을 했다. 창업 당시에는 엄청난 고생을 하면서 그는 종래의 하수도관 매설 공법의 결점을 보완한 새로운 방법을 개발했다. 이른바 '두더지 로봇'으로 노면을 파지 않고 하수도관을 매설하는 방법으로 자갈에 부딪쳐도, 커브길도 상관없이 굴진해간다.

어떻게 이런 일이……

14. 두 배 빨리 듣는 녹음기

녹음기에서 나오는 사람의 음성을 편집하는 기자나, 강의를 듣는 학생들이 반가워할 발명품이 새로 나왔다. 사람의 음성은 변하지 않으면서도 테이프가 돌아가는 속도는 두 배나 빠른 기기다.

이것은 미국 매사추세츠 공과대학 매체연구소의 배리 아론박사가 개발한 것으로 이름은 '스피치 스키머'이며, 작은 집접판의 제어기에 연결된 매킨토시 컴퓨터를 사용하도록 되어 있다. 이 시스템은 녹음을 디지털화하고 테이프를 60밀리 초로 분리하여 분리된 부분을 부분적으로 중복시키고, 쉬는 부분을 제거해서 정상적인 속도보다 두 배 빠르게 들을 수 있다. 말하는 사람의 목소리는 변하지 않고, 또한 녹음되어 있는 목소리 중에서 강조하기 위해 의도적으로 만든 휴식이나 소리의 높아짐까지 찾아내 중요한 내용을 알아내는 프로그램도 내장하고 있다.

15. 드 릴

드릴은 나선형의 모서리와 홈으로 이루어진다. 드릴이 파고들면서 깎여져 나오는 물체의 조각은 마치 그 옛날 아르키메데스가 나사로 물을 퍼 올렸듯이 홈을 파고 밖으로 나온다. 이러한 굴착용 송곳이나 드릴은 1425년에 서유럽에서 등장했다.

드릴은 대개 간단한 회전기계에 부착된다. 브레이스 드릴은 몸체가 ㄷ자 모양을 하고 있는 핸드드릴의 일종이다. 핸드드릴은 대개 핸들이 있어서 이것을 돌리면 기어를 통해 드릴이 돌아간다. 18세기 산업혁명이 일어나자 중기계류의 생산을 위해 강력 드릴이 필요해졌다. 프랑스의 작크 드 보캉송은 1728년에 강력 드릴

프레스를 처음으로 만들었다. 휴대용 강력 드릴은 1864년 영국에서 처음 나왔고, 전기 드릴은 1895년 독일의 빌헬름 파인이 발명하였다. 드릴은 광산 터널 공사에도 쓰인다.

16. 디젤기관

20세기 학생 루돌프 디젤은 1878년 뮌헨 공과대학에서 교수의 강의를 듣던 도중 노트에 이렇게 적었다.

"이것은 깊이 생각해 볼 만한 것이다"

교수는 증기기관이 연료의 숨은 열의 6~12%밖에 동력으로 변환되지 않는다며 저효율에 대한 개탄과 함께 프랑스의 물리학자이고, 열역학의 선구자인 카르노의 이론을 설명하고 있었던 것이다. 이 때의 힌트는 디젤의 머리에서 떠나지 않았고, 그는 열역학의 지식을 활용하기 위하여 모든 시간을 사용했다. 그리고 14년 후, 디젤은 자신의 기관에 대해 책을 쓰고 특허를 얻었다.

1893년 그의 첫 모델이 제작되었다. 디젤기관은 정제된 석유를 필요로 하지 않고 값싼 중유로 움직이며, 연료의 에너지의 35%를 동력으로 변환할 수 있었다. 오늘날 디젤기관은 트럭, 버스, 작은 배, 발전소 등에 이용되고 있다.

17. 땅 속에서 녹는 플라스틱

환경보호에 대한 관심이 세계적으로 높아 가는 추세이다. 이에 맞춰 땅 속에 묻으면 녹아서 흙이 되는 플라스틱이 개발되었다. 생분해성 플라스틱이라는 재료로 만들어지며, 흙 속에서 미생물에 의해 분해되고, 투명하고, 유연하며, 인쇄나 접착도 가능

어떻게 이런 일이……

한 플라스틱이다. 이것은 흙뿐만 아니라 물 속에서도 2개월이면 완전분해가 가능하여 강이나 바다의 오염도 막을 수 있는 제품이다. 단지 이 생분해성 플라스틱은 가격이 비싸서 일반인들이 쓰기에는 경제적인 부담이 있다는 것이 단점이다. 이 플라스틱의 재료가 되는 것은 식물체의 셀룰로스 균류의 세포벽 성분인 키틴을 이용하며, 또다른 재료로는 새우나 게 등의 갑각류를 이용한다. 따라서 쓰레기로 버려지는 새우외 게 껍질 등 또다른 폐기물을 재활용한다는 이점도 있다.

18. 뜀틀

지구촌의 어린이와 청소년들의 인기를 독차지했던 뜀틀(Hopping). 우리 나라에서도 '스카이 콩콩'이란 이름으로 전국을 강타했던 적이 있다. 발명가는 일본의 스기토 사부로이다.

영화감상이 취미인 스기토는 틈만 나면 극장을 찾았다. 그러던 어느 날, 스기토는 미국 농촌을 배경으로 한 영화를 보다가 흑인 어린이들이 '대나무 말' 같은 놀이기구를 타고 점프를 하며 놀고 있는 것을 보고 깜짝 놀랐다. 동시에 그는 일본의 농촌 어린이들이 농기구인 삽 위에 올라 깡충깡충 뛰놀던 모습을 떠올렸다. 대나무 말이나 삽같은 기능이 있는 운동기구를 만들 것을 생각한 그는 집에 돌아온 즉시 도면을 그리며 연구를 시작했다. 때마침 스프링을 사용한 각종 기구가 개발되고 있어 뜀틀로 생각했던 것보다 훌륭하게 완성할 수 있었다.

19. 뜨개질 단 세는 기계

뜨개질 단 계산기인 트리콜로(Tricolo)의 발명가는 프랑스의 파리지엔 재클린 폰더스다. 재클린은 1978년 50세 생일에 그녀 최고의 발명품인 뜨개질 단 계산기의 특허를 얻었다. 이제 뜨개질의 단을 다시 셀 필요가 없으며, 어느 정도 짰나 보려고 필요했던 줄자, 연필, 종이 등도 필요 없게 되었다. 트리콜로는 바늘 끝에 기억장치를 갖고 있어서 계산이 나타나는 수치만 보면 되는 것이다. 이 계산기는 매우 간단한 것처럼 보이지만 실제로 기계를 제작하는 일은 결코 쉽지 않았다. 뚜껑, 고무밴드, 작은 홈, 가늘고 긴 구멍, 몸통, 톱니 멈춤쇠 등 발명을 성공시키기까지는 장구한 여정이 있었다.

5㎝ 길이의 가벼운 이 계산기는 뜨개질 또는 코바늘의 뭉툭한 끝에 달려 있어 단을 짤 때마다 뒤에 삐져나오는 단추 위를 누름으로써 알 수 있다.

어떻게 이런 일이……

1. 라 디 오

1912년 미국의 암스트롱이 재생회로를 발명했다. 이것은 진공관의 증폭작용을 되풀이해서 쓸 수 있도록 전류 변화의 일부를 도중에 꺼내 되돌려 준 다음 다시 진공관을 통해서 증폭시키는 방법이다.

1918년에 그는 슈퍼헤테로다인 회로를 발명했다. 이것은 진동수가 비슷한 두 전파가 수신기에 수신되었을 때 혼동되지 않도록 하기 위한 것이다. 이 회로의 발명으로 진동수가 가까운 전파라도 똑똑히 구별해서 수신할 수 있게 되어 몇 가지의 방송 전파를 마음대로 낼 수 있게 되었다.

1920년 미국의 피츠버그시에 처음으로 방송국이 설립되어 수신기를 가진 사람은 누구라도 그 전파를 잡아서 방송을 들을 수 있었다. 이 방송국을 만든 사람은 콘래도였는데, 이 방송국이 크게 성공하자 1926년에는 NBC, 이듬해는 CBS 등의 방송국이 생겼다.

2. 라 면

인스턴트 식품 중에서 단연 으뜸으로 손꼽히는 라면. 식품업계의 혁명으로까지 극찬받았던 라면은 1958년 일본에서 발명되어 시판되었다. 라면의 발명가는 일본의 사업가였던 안도 시로후쿠이고, 생산업체는 묘조식품.

　　1950년대는 일본에 있어 건국 이후 최대의 고난기였다. 1945
년 제2차 세계대전 패배의 후유증 때문이었다. 식량이 부족하여
미국에서 밀가루를 지원받아 빵을 만들어 먹는 사람들이 부지기
수였다. 쌀밥을 주식으로 하던 식습관 때문에 빵만으로는 공복감
을 채울 수 없는 사람들을 보고 밀가루를 이용한 새로운 식품개발
을 생각한 사람이 안도였다. 몇 년 후, 거듭되는 실패로 술집을
찾았다가 덴푸라를 기름에 튀기는 것을 보고 힌트를 얻은 그는 밀
가루를 국수로 만들어 튀겨보았다. 안도는 드디어 라면 개발에 성
공을 한 것이다.

3. 라 이 플

　　미국의 독립전쟁에서 라이플 총은 역력히 그 위력을 실증해
보였다. 탄환을 뒤로부터 재는 후장식의 총은 적에게 모습을 드러
내지 않고 사용할 수 있었다. 총신 안의 도랑을 따라 발사하는 미
니에식 탄환은 보병에게 큰 타격을 주었다.

　　1800년의 뇌산 수은의 발견으로부터 잇달아 새로운 착상이
생겨나게 되었다. 스코틀랜드의 목사 포사이스나, 풍경화가 쇼가
격발식 발화장치나 구리의 뇌관 발명에 공헌하고, 스위스의 기사
포울리티는 카트리지를 고안했다. 포울리 밑에서 수업한 대장장
이 폰 드라이제는 볼트 액션과 긴 격철의 아이디어를 냈다.

　　드라이제는 그 총에 '침타총'이라는 이름을 붙였다. 1860년 드
라이제총은 프러시아군에게 승리를 가져다 주었다. 볼트 액션 라
이플(드라이제총의 직계)은 현재도 보병의 무기로 많이 쓰인다.

어떻게 이런 일이……

4. 란제리네트

　시중에서 란제리네트라는 이름으로 팔리고 있는 세탁용 구형 주머니는 한 노부인에 의해서 만들어진 발명품이다. 매스컴을 통해 전세계에 알려진 사사누마는 노년에 중병을 얻어 실의의 나날을 보내고 있었다. 그 모습을 보다못한 딸이 그녀에게 발명에 관한 책을 선물하게 되었다. 그런데 책을 읽어가는 동안 사사누마는 발명의 세계에 눈을 뜨게 되어 발명학교에 다니게 되었다.

　처음에는 실패를 거듭하다가 어느 날, 망으로 된 주머니에 양말을 넣어 세탁을 하다가 한 생각을 떠올렸다. 당시 망주머니는 봉투처럼 사각형이고 납작하였는데 공처럼 구형으로 하면 더 잘 빨아지리라는 생각이었다. 사사누마는 즉시 실험을 거쳐 야구공 같은 모양의 란제리네트를 세상에 내놓았다. 결과는 성공이었다. 이 란제리네트는 덕분에 사람들이 세탁하는 데 편리해졌음은 물론이다.

5. 레 이 더

　제2차 세계대전중에 연합군의 승리에 큰 몫을 한 레이더는 전파를 이용한 물체탐지장치로 영국의 윗슨 와트를 중심으로 한 레이더 연구진에 의해서 발명된 것이다.

　1934년 티저드 경의 주재하에서 영국 항공성 위원회는 와트가 지도하는 정부전파탐지 본부에 비행중인 항공기 기능을 마비시키는 「죽음의 광선」을 만들도록 위탁했다. 1개월 후, 그는 실제로 「전파탐지법」을 시범하여 성공하였다. 그 결과 전파탐지 스테이션이 건설되고, 영국의 동쪽 위치에서의 침공에 대비하게 되었다. 제2차 세계대전에서는 독일의 첫번째 공습이 있었을 때 전투기를 탐지하여 추적하고, 포스만에 격추시켜서 그 유효성을 증명하였다. 매우 소형이어서 티저드 경은 그것을 호주머니에 넣고 미국에 갔을 정도였다.

b. 레이저

합성 루비의 결정이 최근 매우 재미있는 용도로 사용되고 있다. 가시광선을 증폭시키는 메이저, 새로운 과학 용어로서는 레이저라고 일컫는 기구이다.

루비란 알루미나 광물의 코런덤에 미량의 크롬이 들어 있어서 붉은 색을 나타내고 있는데 그 크롬의 양이 0.05%가 되는 루비가 이런 재미있는 현상을 일으키는 것이다. 그 증폭이라고 해도 그것은 각종의 파장이 혼합되어 있는 보통의 광선을 흡수하여 모든 에너지를 다 하나의 파장의 단색 광선으로 집중하여 강력한 빔을 발사시킬 수 있는 장치이다. 발명가는 미국의 T. H 메이만.

루비의 레이저에서는 백색 광선을 크롬 원자의 작용으로 옹스트롬이라는 파장의 붉은 광선으로 바뀐다. 그 빛은 매우 강하여 작게 조이면 다이아몬드에도 구멍을 뚫을 수 있고, 통신, 정밀 측정, 홀로그래피, 요적 병기 등에 이용되고 있다.

ㄱ. 레인 코트

바바리 하면 사람들은 대부분 봄, 가을에 입는 가벼운 코트만을 생각한다. 그러나 바바리는 비옷인 레인코트를 만드는 옷감인 개버딘 발명가의 이름이자 상표이고, 레인코트가 변하여 바바리

어떻게 이런 일이……

라는 코트가 탄생된 것이다. 따라서 많은 사람들이 즐겨 입는 바바리라는 코트가 본래는 레인코트였던 것이다. 발명가인 토머스 바바리는 영국 사람으로 수십 가지의 특허에 도전했으나 하나도 상품화하지 못해 전전긍긍했다. 그러던 어느 비오는 날, 그는 자동차의 튜브 같은 고무로 만들어진 레인코트를 입고 하루종일 돌아다녔다. 여간 무겁고 불편한 것이 아니었다. 그래서 좀더 가벼운 방수옷감을 생각하던 바바리는 인공고무섬유로 짠 방수옷감인 개버딘을 발명했다. 1901년 바바리 회사가 설립되고 레인코트가 등장하자 시장은 발칵 뒤집혔다. 그야말로 대성공이었다.

8. 로 봇

게으름도 피지 않고, 반항도 하지 않고 근면하게 일하는 기계인간을 만든다는 것은 인류의 오랜 꿈이었다. 이 생각은 1818년 M세리의 소설 '프랑켄슈타인'을 계기로 유행하게 되었고, '강한 사람'이라는 개념으로 일반인에게 기억되었다.

비행기와 독가스를 사용했던 1차 세계대전이 끝나고, 체코슬로바키아의 극작가 K. 차펙은 희곡 「로섬의 세계로봇회사」를 썼다. 로봇(Robet)은 체코어로 노동자라는 뜻이다. 이 연극은 대단한 인기였고, 로봇이라는 단어는 기계인간의 의미로 세계적으로 널리 쓰이게 되었다. 그리고 40여 년 간 로봇은 공상과학의 영역에서 많은 활동을 했는데, 점차 인류에게 유용한 것으로 여기는 경향이 증가하였다. 실제 기술세계에서는 단순한 로봇부터 개발이 시도되어 현재 물건을 나르는 로봇 등이 발명품으로 출현되고 있다.

9. 로스나이

겨울에는 여러 가지 연료를 연소시킬 수 있는 난방기구를 이용하여 실내를 따뜻하게 한다. 그때 연료는 불완전연소를 함으로써 일산화탄소를 발생시키고, 이 때문에 실내의 공기를 가끔씩 환기시켜야 한다. 그런데 탁한 공기를 환기시킬 때 차고 신선한 공기가 실내로 들어오는 대신 이미 데워진 따뜻한 공기가 밖으로 나가 열 손실을 가져온다. 이 문제를 해결하는 것은 중요한 일이어서, 일본의 미쓰비시 중앙연구소에서는 이 문제를 연구하게 되었다. 그러나 진전이 없어 단념할 무렵, 한 연구원의 어린 아들이 신문지를 둘둘 말아 손에 쥐고 입김을 불어넣는 것을 보고 힌트를 얻어 삼각 종이 통을 발명했다. 이 통은 한쪽에서 실내의 오염된 공기를 내보내고 다른 쪽으로는 신선한 공기를 끌어들이게 되어 있다. 게다가 차가운 공기는 데워져서 들어오는데, 이것이 '로스나이'이다.

10. 로켓

1232년 중국의 금나라가 몽골군의 공격을 받았을 때 금나라 군사들은 처음으로 화전(火箭)이라는 로켓을 사용하였다. 발사하는 화약은 초석과 목탄가루를 섞어 만든 것으로, 이것을 대나무통에 집어넣고 연소가스를 분사시켰다.

로켓통에는 그 길이의 7배가 되는 통이 붙어 있는데, 이 통이 로켓을 일직선으로 전진시키는 역할을 했다. 로켓은 아라비아에 전해지고, 인도에서 발달하여 영국군에게 대항할 때 쓰여졌으나 총포의 정확성이 떨어져 자취를 감추고 말았다. 세계 제2차 대전

어떻게 이런 일이……

중에 다시 등장하여 발달하기 시작하다가 인공위성과 우주로켓으로까지 출현하게 되었다. 추진하는 원리는 제트와 동일하지만 연료의 연소에 공기를 쓰지 않고, 특별한 산화제를 사용한다. 그러므로 공기가 없는 대기권 밖에서도 비행이 가능하다.

11. 롤러스 케이트

눈과 얼음이 없는 계절에도 스케이팅을 할 수 있게 되었다. 롤러스케이트 때문이다. 발명가는 제임스 플림톤.

미국 매사추세츠에 있는 가구공장의 외판원이었던 플림톤은 소문난 재간꾼이었다. 덕분에 판매실적은 최고였고, 생활도 여유가 있었다. 그러나 몸을 돌보지 않고 일에 열중하느라 신경통을 앓게 되었다. 백약이 무효였고, 의사는 투약보다 스케이팅을 권했다. 겨울이 되어 신경통이 악화되자 그는 할 수 없이 스케이팅을 시작, 의사 말대로 한결 통증이 줄었다. 그런데 봄이 되자 얼음이 녹아버려 스케이팅을 할 수 없었고, 다시 플림톤의 신경통이 도졌다. '눈과 얼음이 없는 때도 스케이팅을 할 수 있는 방법이 있을까?' 생각하던 그는 아들이 바퀴 달린 장난감을 타고 노는 것을 보고 힌트를 얻어 스케이트에 바퀴를 달게 된 것이다.

12. 린나이 버너

일본의 가스기구 제작업체 린나이는 이 계통에서 거의 독보적인 존재였다. 특히 이 회사의 성장과정은 일본 업계에서는 신화처럼 이야기되고 있다. 이런 발전은 사장인 나이토 스스무가 이루어놓은 것이다.

　　나이토의 가족회사 린나이는 매우 작은 회사로 제2차 세계대
전 직후, 철공소를 겨우 가스기구 제조업체로 키워놓은 것이다.
가족의 권유로 이 회사를 맡게 된 나이토는 새로운 기술개발을 생
각했다. 당시 사용되던 가스 버너는 결함이 많아 개선이 꼭 필요
한 상태였다. 그는 매일 가스버너에만 매달렸다. 그러던 그가
1955년 산업시찰단으로 서독을 방문하여 슈방크가 고안한 가스버
너를 보고 기술을 도입했다. 그러나 슈방크의 버너는 공업용이어
서 가정용으로 사용하기에는 부적합했다. 나이토는 이것을 개발
하여 대성공을 거둔 것이다.

어떻게 이런 일이……

1. 마가린

마가린을 맨 처음에 생각해낸 사람은 나폴레옹 3세이다. 그는 군인들에게 버터를 먹이는 것은 너무 호사스런 것이라고 생각하여 군 조달청 기술자 모리스에게 대용품을 만들게 했다. 모리스는 쇠기름과 식물 기름을 섞은 것에 다시 우유를 조금 넣어 으깬 것을 군인용 버터로 하였는데 이것이 마가린의 시초라고 한다.

1900년에 와서 독일의 사튼은 고래기름이나 식물기름에 니켈 가루를 섞어 넣고 그 속에 수소를 뿜어 넣으면 액체 기름이 굳어져서 고체지방이 된다는 것을 발견하였다. 이것을 경화유라고 부르는데 이것은 전세계 화학공업의 중요한 제품이다. 수소가 가해져서 액체유의 성분인 올레산이 고체지방성분의 스테아린산으로 되는데 이 발견을 통해 마가린공업이 본격적으로 시작되었다. 만드는 방법은 나폴레옹 3세식과 비슷하다.

2. 마스크

야구의 본고장 미국에서 하버드대학의 야구팀에 소속된 제임스 티그니가 글러브를 발명할 무렵 윈드롭 타이여는 포수용 마스크를 연구하고 있었다. 경기중 유난히 얼굴 부상이 많았던 타이여는 어떻게 하면 부상을 적게 입을 수 있을까를 늘 생각하고 있었다.

그러던 어느 날, 시합이 없어 잠시 쉬려고 거리를 산책하던 타이여는 놀라운 것을 보았다. "맞아, 바로 저거다" 극장 앞을 지나다가 무심코 바라본 선전간판에서 얼굴에 보호막을 쓴 기사를 본 것이다. 타이여는 기발한 착상이 달아나기라도 할까봐 단숨에 철공소로 달려갔다. 그리고 그는 직접 그림을 그려가며 마스크를 만들어 주도록 부탁했다. 이렇게 해서 타이여는 포수마스크를 발명하였다. 그 마스크를 쓰고 경기에 임한 그는 시선을 한 몸에 받았다.

3. 마시는 화장품

지금까지의 화장품은 바르는 것이 상식으로 되어 있다. 그런데 이런 상식을 뛰어넘는 획기적인 발명품이 나왔다. 일본 산스타사가 개발하여 판매를 시작한 '사레이 누 네츄라 엠 콜라겐'이라는 마시는 화장품이 바로 그것. 마시는 미용음료와는 달리 이 화장품은 바르는 화장품처럼 체내 작용을 통해 피부가 고와진다는 것이다. 이 화장품의 성분은 수용성 콜라겐과 세포를 윤택하게 하는 무코 다당류, 맛을 내는 벌꿀 등이 특수제법으로 혼합되어 있다. 가격은 좀 비싸지만, 젊어지고 싶고 고운 피부를 원하는 수많은 여성들이 구입한다고 한다. 산스타사는 하루 20~30㎖씩 섭취하면 피부의 수분유지기능을 향상시켜 항상 촉촉하고 매끄러운 피부를 유지할 수 있다고 하며, 지속적으로 개발할 모양이다.

4. 마 취 제

외과의학은 19세기에 두 가지 큰 변화가 있었는데 전신마취와 화농의 방지이다. 수술중의 통증을 없애기 위해 알코올, 기타

어떻게 이런 일이……

여러 가지 방법이 쓰이고 있었으나 사실상 마취시대가 시작된 것은 1799년 영국의 험프리 데이비가 일산화질소의 사용을 제창했을 때이다. 기분을 들뜨게 하는 이 가스의 성질이 알려지자 파티에서 인기가 높아지고, 연회를 들뜨게 하는 데 쓰였다.

그리고 1842년 미국의 윌리엄 클라크는 어떤 여인에게 에테르를 주고, 무통으로 치아를 뽑았다. 같은 해 제퍼슨의 클리포드 롱은 외과수술에 에테르를 사용했다. 에테르를 전신마취제로 이용할 수 있다는 것을 입증한 것은 1846년 10월, 매사추세츠 종합병원에서 윌리엄 모튼이 에테르 마취로 환자의 목 종양을 제거한 수술이다. 이 날 이후, 마취제는 미·영국에서 빠르게 보급되었다.

5. 만 년 필

1809년 영국에서 '잉크병이 달린 펜'의 특허가 출원되었다. 이 최초의 만년필은 잉크가 원활하게 나오지 않았다. 쓰는 사람은 막대피스톤을 눌러서 압력을 주고 쓰기를 시작하면, 도중에 몇 번이나 압력을 주어야만 했다.

1884년 성능이 좋은 모세관 이용의 펜이 미국의 보험 외판원 루이스 에디슨 워터맨에 의하여 발명되었다. 그것은 현재의 것과 마찬가지로 펜촉 끝의 잉크 통로와 공기가 통하는 통로가 잘 연구되어 있어서 잉크가 갑자기 떨어지는 일은 거의 없었다.

우리 나라에 만년필이 들어온 것은 1897년 경으로 워터맨의 만년필이 일본을 거쳐 수입되었다. 만년필은 잉크가 샘물과 같이 솟아난다는 뜻으로 외국에서는 '파운틴 펜'이라고 불린다. 그리고 1884년 미국의 로우비가 보올 포인트 팬을 발명하였다.

6. 망원경

16세기 말에서 17세기 초, 네덜란드에서는 유리나 보석을 연마하는 기술이 발달하여 안경 직공이 많았다. 17세기 초, 네덜란드의 판스 립펠스하이는 자신이 닦은 렌즈 솜씨를 보기 위해 볼록렌즈와 오목렌즈를 각각 한 개씩 들고 근처의 교회 탑을 쳐다보다가 깜짝 놀랐다. 두 개의 렌즈를 조금 떼어서 보았더니 탑이 놀랄 만큼 크게 보였던 것이다. 그는 즉시 이것을 이용하여 1608년 수정렌즈로 만든 망원경을 만들어 냈다.

이탈리아의 물리학자 갈릴레이도 망원경에 대한 소식을 듣고 망원경을 만들었는데 처음에는 물체의 3배, 다음에는 30배 이상의 크기로 확대하여 볼 수 있게 만들어 천체를 관측, 달 표면의 산맥, 태양의 흑점, 금성이 차고 이지러지는 것 등을 발견했다. 같은 무렵 독일의 케플러도 망원경을 만들었다.

7. 매독치료제

1910년까지만 해도 매독은 불치의 병으로 요즘의 에이즈만큼이나 무서웠다. 발병원인이나 결과도 둘이 비슷했다. 이 무서운 병의 치료제를 발명한 사람은 폴 에를리히이다. '살바르산'으로 불리는 이 기적의 약품은 '606'으로 불리기도 한다.

그는 다른 생체조직은 상하지 않고 병권균만을 죽이는 화학약품의 발명에 힘을 기울였다. 그가 원하는 것은 실험동물에는 아무 해가 없이 오직 병원균만을 죽이는 약품을 얻는 것이었다. 에를리히는 이 약품을 얻기 위해 끊임없이 연구와 실험에 열중하였다. 드디어 화학약품의 수가 600을 넘어 606호에 이르렀다. 처음

어떻게 이런 일이……

에는 이것도 아무런 효과가 없는 것으로 여겨졌으나 그로부터 2년
이 지난 어느 날, 606호를 재실험하면서 살균력을 확인하였다.

8. 매직테이프

　매직테이프는 스위스에 사는 조르즈 도메스트랄이라는 사람
의 작은 관찰에 의해 '벨크로사'를 탄생시킨 발명품이다.

　도메스트랄은 기술자가 되는 것이 꿈이었으나, 제대로 이루
어지지 않자 취미로 시작한 사냥에 마음을 빼앗기고 있었다. 1935
년 가을 어느 날, 도메스트랄은 사냥개와 함께 사냥에 나섰다가
산토끼를 발견하고 정신없이 뒤를 쫓았다. 그가 숲에서 나왔을 때
는 옷 전체가 산우엉 가시가 더덕더덕 붙어 있었다. 옷을 벗어 털
었으나 좀체 떨어지지 않는 것을 보고 이상하게 생각한 그는 집으
로 돌아와 확대경으로 산우엉 가시를 관찰하였다. 산우엉이 갈고
리 모양인 것을 본 그의 머리 속으로 매직테이프의 원리가 선명하
게 떠올랐다. 서로 닿는 순간 철썩 붙었다가 약간의 힘을 주면 떨
어지는 매직테이프가 태어난 것이다.

9. 먹을 수 있는 종이

　먹을 수 있는 종이가 개발되었다. 최근 일본의 한 기업 연구
소가 개발한 이 종이는 콩을 가공할 때 생기는 비지와 간장 찌꺼
기 등에서 섬유질만을 빼내서 만든 것이다.

　이 식용종이는 맛, 냄새가 없으며 영구보존이 가능하고, 색
깔도 변하지 않으며 녹는 종이로 변형시킬 수도 있다. 또한 영양
가가 없어 비만증 환자나 여성들의 다이어트 식품으로도 이용할

수 있다. 그리고 이 종이는 주변이 건조할 때 수분을 분출하는 속성이 있어서 벽지로 사용할 경우 실내 온도를 조절하는 역할도 하게 된다니 기적의 종이라고 할 수도 있겠다. 제조과정은 그다지 어렵지 않다. 지금까지는 비지나 간장찌꺼기를 버리거나 가축사료로 사용하면서 생기던 비지의 악취나 오염, 폐지의 처리 문제가 식용종이의 실용화 덕분에 사라질 판…… 먹으면 되니까!

10. 면 도 기

1895년 여름, 세일즈맨인 질레트가 보스턴에 출장을 갔을 때의 일이다. 그는 피곤해서 깊이 잠이 들었다가 이튿날 늦잠을 자고 말았다. 그래도 외판원이라 말쑥하게 차려입고 수염을 깎아야 했으나 기차 시간 때문에 허둥대느라 얼굴을 베이고 말았다.

집에 돌아간 질레트는 '안전면도기'를 생각하고 궁리하기 시작했다. 그러나 피부를 베지 않는 면도기는 쉽게 만들어지지 않았다. 연구에 지친 질레트는 이발소에 갔다가 문득 가위를 빗에 눌러 대고 머리털을 자르는 이발사의 손놀림을 보고 번개같이 아이디어를 떠올렸다. 빗에 얇은 칼날을 붙인 안전 면도기는 이렇게해서 발명되었다. 질레트는 이것을 곧 특허출원하고 철판 제조회사인 니커슨의 협력을 얻어 마침내 사업화에 들어가 성공하였다. 최근에는 전기 면도기가 보급되었다.

11. 모 발 용 세 척 제

최근 환경오염의 주범으로 지목되어 역사의 뒤안길로 자취를 감추기 시작하는 모발세척용 샴푸. 이것도 세계적인 발명품으로

어떻게 이런 일이……

일본의 여류 중소기업가 '다케우치 고도'를 중견기업인의 대열에 올려놓게 한 장본인이다. 다케우치는 양털의 세척액을 제조·판매하는 중소기업가이자 열성 주부였다. 제2차 세계대전 후, 양털의 수요가 늘어나면서 그녀의 사업도 활기를 띠었다. 그런데 어느 날, 아이들이 돌같이 단단한 비누로 머리를 감는 것을 보고 기발한 아이디어를 떠올렸다. '양털처럼 액체비누로 머리를 감는다면 얼마나 편리할까?' 다케우치는 양털 세척액을 분석하여 인체에 해로운 독성을 제거하고, 향료를 첨가하여 마침내 샴푸의 탄생을 세상에 알렸다. 모발용 세척제는 생산되기가 무섭게 팔려나갔고, 기업은 단번에 떴다.

12. 무선전신

전선은 사용하지 않고 지구의 한 반구(半球)에서 다른 반구로 사람의 말을 최초로 전달한 발명가는 누구일까?

이탈리아의 마르코니이다. 그의 무선전신발명과 보급으로 세계의 문명은 큰 발전을 했다. 마르코니는 어려서부터 과학자들의 전기를 즐겨 읽었는데 특히 프랭클린의 전기를 읽고 천둥과 벼락을 탐지하는 우렛소리 예보기도 생각했다. 그는 스무살 때 자신의 일생을 과학탐구에 바칠 것을 결심하고, 당시 독일의 헤르츠 박사의 연구에 흥미를 가졌다. 헤르츠의 연구는 전파가 퍼져나가는데 '에텔'이 있어야 한다는 것이다. 에텔은 크기나 냄새, 무게나 빛이 없는 가상적인 것이었다. 마르코니는 '에텔'을 통신기관에 이용하면 좋겠다는 생각을 하고 정확한 수신장치인 무선전신기계를 만들기로 결심했다. 드디어 1895년 그는 무선전신을 만드는 데 성공했다.

13. 물 감

현재 우리가 사용하는 물감은 거의가 합성물감이다. 이것은 독일의 화학자 호프만이 석탄타르의 성분을 연구중에 그의 조수인 퍼킨이 보조연구를 하면서 발명한 것이다.

퍼킨의 물감이 발명되기 전에는 식물이나 동물 등에서 물감을 얻어내 염색 등에 사용했다. 그러나 이런 천연염료는 뽑아내기가 어렵고 값이 비쌌다. 런던의 왕립 화학대학 교수인 호프만의 실험실에는 많은 학생들이 모여들었다. 그 가운데 헨리 퍼킨이 있었는데 17세로 가장 어렸으나 실험에 열중이었다. 호프만은 말라리아 특효약인 키니네를 합성하려 했는데 그 실험을 권유받은 퍼킨은 약품조합을 실험하다 검은 침전물이 생기는 것을 보았다. 호기심이 생긴 그는 침전물을 알코올에 녹이다가 붉은색으로 변하는 것을 보고 물감을 연구 '모베인'이라는 물감을 발명했다.

14. 물 속에서도 살아 남는 벼

홍수로 인해 올해도 많은 피해가 있었다. 이와 같은 재해로 인해 벼가 물에 잠기면, 산고공급이 안 되어 질식사하는 것이 일반적이다. 그러나 앞으로는 물 속에서도 살아 남는 벼가 개발될 것으로 예상된다.

필리핀에 있는 국제쌀연구소(IRRI)가 물에 강한 벼의 개발에 착수했는데 벌써 그 성과가 나타나고 있기 때문이다. 벼에는 TCA 회로와 해당계 효소 등 두 가지가 에너지 물질을 만들어 내는데 TCA 회로는 산소가 없으면 에너지 물질을 만들어 내지 못하지만, 해당계의 효소는 산소가 없어도 에너지 물질을 생산할 수 있다.

어떻게 이런 일이……

그러나 이 해당계의 효소는 활성이 약하기 때문에 충분한 에너지 물질을 만들 수 없고, 물에 잠기면 식물 자체가 죽어버리게 된다. 이런 특성을 이용, 옥수수 효소 유전자를 벼에 도입, 활성을 높이는 것이 핵심이다.

15. 물에 뜨는 비누

이것은 일본에서 비누공장을 경영하는 후지무라라는 여성이 발명한 비누이다. 그녀는 한 직공의 실수로 못쓰게 돼버린 원료를 다시 끈질기게 연구하여 물에 뜨는 비누를 만들었다.

비누공장이 많은 일본의 어느 공정, 점심을 먹기 위해 다른 직공들이 다 나가고 한 직공만이 큰 가마솥 앞에 앉아 꾸벅꾸벅 졸고 있었다. 점심시간이 끝나자 소란스러움에 잠이 깬 직공은 그만 새파랗게 질려 버렸다. 비누 원료가 너무 끓어 솥에서 넘쳐 나와 바닥으로 흘러내리고 있었던 것이다. 거품이 거칠게 일어나 쓸모없게 된 원료를 본 후지무라 사장은 직공을 야단치기 전에 묘안을 짜내기 시작했다. 그리고는 거품 같은 비누, 세상에서 제일 가벼운 비누를 만들어 강에서 목욕하다 비누를 떨어뜨려 불편을 겪지 않도록 한 '아이보리 비누'를 탄생시켰다.

16. 미니스커트

밝고 산뜻한 거리풍경을 연출하는데 앞장서고 있는 미니스커트. 여성이라면 누구나 한번쯤은 쫙 뽑아 입고 숨은 각선미를 드러내고 싶은 이 첨단 의상은 영국의 의상 디자이너 메리퀀트 여사가 발명한 작품이다.

　1960년 여름, 퀸트는 새로운 의상을 선보이기 위해 연구를 거듭하고 있었다. 그러나 오랜 연구가 별다른 효과를 거두지 못하자 모든 작업을 원점으로 돌리고 생각했다. '여성의 아름다움의 포인트는 얼굴, 다음은 가슴과, 엉덩이, 그리고 두 다리의 각선미……' 그러다가 아찔하게 짧은 스커트로 다리 각선과 엉덩이를 부각시키기로 했다. 미니스커트를 선보이자 '신사의 나라'에서 미풍양속을 해친다는 항의가 빗발쳤다. 그것도 잠깐, 영국전역은 물론이고 5대양 6대주를 휩쓸어 전 세계가 미니스커트의 열풍에 휩쓸려 버렸다.

17. 미 사 일

　미사일이란 '날아가는 기구'라는 뜻이다. 날아가는 기구라고 해도 대포의 탄환이나 화살 따위는 오늘날의 미사일 개념에는 들어가지 않고, 로켓과 같이 불을 뿜으면서 날아가는 무기를 가르키는 것이다. 그 옛날 몽고군이 일본을 쳐들어갈 때 사용한 돌불 화살이라는 것도 화살에 화약을 장치하여 그 연소에 의해 가속화한 것이므로 미사일의 원조라고 할 수 있을 것이다. 오늘날의 미사일은 제2차 세계대전에서 나타난 대포 탄환 외의 비행병기이다. 소형은 미국의 로켓포, 소련의 '부드럽고 무서운 로켓탄', 이라는 뜻의 카투사 등이다. 대형은 독일의 V1호와 V2호이다. V1호의 속도가 느려 개발한 것이 V2호로 이것이 오늘날 미국이나 소련의 미사일, 즉 대륙간 탄도병기 ICBM 등과 같은 것이다.

어떻게 이런 일이……

1. 바늘 없는 주사기

병원에 가서 주사 맞는 일을 좋아할 사람은 아무도 없을 것이다. 게다가 요즘은 에이즈 등 각종 질병이 주사기를 통해서 감염되기도 하고 있어 문제가 되어왔다.

그러나 이제 이런 감염공포와 주사바늘의 고통에서 해방시켜 줄 발명품이 나왔다. 미국의 바이오 젝트사가 개발한 바늘 없는 주사기가 바로 그것이다. 이 회사는 이 주사기를 만들기 위해 1천 2백만 불의 연구비를 들였다는 것이다. 어마어마한 연구비가 들어간 만큼, 이 주사기의 위력은 대단하다. 보통 주사기와 비슷하게 생긴 이 발명품은 한쪽 끝에 가는 구멍이 있어서 이 곳으로 주사약이 피부로 들어간다. 보통의 주사기는 바늘이 피부 속으로 들어가야 하지만 개발된 주사기는 이산화탄소의 압력으로 순식간에 피부를 통과하여 환자는 전혀 고통을 느끼지 못한다고 한다.

2. 바르는 장갑

페인트 칠 등 손이 더러워지는 일을 할 때는 흔히 장갑을 끼게 된다. 이 경우 손동작이 둔해지고, 쓴 장갑은 버리든가 빨아서 쓰든가 해야 한다. 그런데 화장품처럼 손에 바르면 얇은 막이 생겨 장갑을 낀 효과가 나타나는 신제품이 나와 편리하게 되었다.

후지제약이 연구하여 내놓은 '논 글러브'가 그것인데, 페인트나 기름때 같은 석유화학 제품과는 반응하지 않는 대신 물에 잘 녹는 특성을 가졌다. 그러므로 작업을 마치고 물에 씻으면 깨끗하게 벗겨진다. 이 제품은 작업하기 1분 전에 바르면 되고 빨리 마르고 끈적거림이 없으며 좋은 향기가 나고, 인체에는 전혀 해가 없다. 원래 이것은 미국이 먼저 개발했는데 작업할 수 있는 시간이 짧고 끈적거리는 단점이 있었다. 이런 단점을 후지제약이 극복하여 미국에 수출까지 하게 되었다.

3. 바이 메탈

기계를 더 효과적으로 안전하게 이용하기 위해서는 속도조절 외에도 증기의 압력 등을 조절하는 것도 중요하다. 와트의 조속기 발명에 이어 '온도의 조절'에 대한 자동화의 연구가 진행되었다. 이것은 와트가 조속기를 발명한 후 42년이 지난 1830년에 이루어졌는데 영국의 엔드류 유어에 의해 해결되었다. 유어는 두장(bi)의 금속(metal)을 서로 버티게 해서 '바이메탈'이라는 온도조절기를 발명해낸 것이다.

서로 다른 성질을 지닌 두 종류의 금속을 한 곳에 버티게 하면 어떤 결과가 생길까? 예를 들어 전기스토브 같은 제품의 회로에 바이메탈을 넣고 사람이 가장 쾌적하다고 느끼는 온도를 넘으면 접점이 떨어지게 해 놓는다. 그러면 바이메탈이 장착된 전기스토브는 실내의 온도를 적정온도로 유지시킨다.

어떻게 이런 일이……

4. 바퀴 오라오라

바퀴벌레는 모기나 파리처럼 쉽게 퇴치되지도 않고, 그 수가 늘기 시작하면 부엌에 음식을 제대로 보관할 수 없을 만큼 여간 골치 아픈 벌레이다. 인체에 해로울 수 있는 기체 약품을 사용하지 않고 바퀴벌레를 잡을 수 있는 상품이 접착제를 이용한 바퀴퇴치기구이다. '바퀴 오라오라'를 발명한 사람은 일본의 오노이다. 아이디어 박사로 소문난 오노는 정년퇴직 전까지 리코라는 회사에 근무했다. 이 회사에서는 전 사원에게 개선 아이디어를 한 건씩 제출하도록 했는데 오노는 자발적으로 매월 한 건씩의 안을 내놓았다. 그가 퇴직한지 7년이 지난 어느 날, 저녁식사를 마친 아내가 바퀴벌레 때문에 불결하다고 하자 오노는 즉시 파리채를 힌트로 바퀴채를 고안했다. 그리고 며칠 후에는 바퀴잡이틀을, 다음에는 파리 잡는 끈끈이를 생각하여 바퀴퇴치기구를 완성했다.

5. 발모촉진제

1986년 일본을 떠들썩하게 한 사건이 있었다.

"벼로부터 추출해낸 발모제"

많은 탈모증 환자들을 설레게 한 이 발명은 다름 아닌 평범한 농부 이토의 손에 의해 이루어졌다. 그는 벼들의 뿌리가 수세미처럼 얽혀 있는 것을 보고 재미있는 아이디어를 떠올렸다. 얽힌 뿌리들을 목욕 타올 대신 쓰면 좋겠다는 생각이었다. 그리고 실행에 옮기는 과정에서 대머리가 되는 것은 두피가 건조하기 때문이므로 혹시 두피가 부드러워지면 머리카락이 새로 날지도 모른다는 기대감을 가지게 됐다. 한달 후, 그의 기대가 적중하여 머리카락이 나기 시작하자 이토는 새로운 인생 사업을 계획하게 되었다. 그의 대머리 치료에 대한 소문은 빠르게 일본열도로 퍼져나갔다. 벼의 뿌리 엑기스를 원료로 한 이 발모촉진제는 1986년 5월 21일부터 본격적으로 상품화되었다.

6. 발 전 기

1821년의 전동기 발명으로부터 10년이 지난 후에 마이클 패러데이는 발전기를 고안했다. 전자기로부터 기계운동을 발생시키는 대신 기계의 동력을 응용하여 전류를 발생시킨 것이다. 그 10년 동안 그는 자석과 긴 전선을 써서 전류를 발생시키려고 많은 시도를 거듭했다고 한다. 전자기에 의한 최초의 발전기는 원통형 코일과 막대자석으로 되어 있고, 막대 자석을 손으로 코일 안에 꽂아 넣는 것뿐이었다. 패러데이가 사용한 막대자석과 코일은 오늘 날 런던의 왕립과학 연구소에 다른 귀중한 유물과 함께 진열되어 있다. 처음에 패러데이는 자석이 코일 안에 정지해 있을 때 전류가 흐른다고 생각했으나 전혀 흐르지 않는다는 것과 자석을 끌어당길 때 다시 역방향의 전류가 흐른다는 것을 알게 되었다. 그래서 연속 전류 기계인 발전기를 발명했다.

7. 발전된 항공 사진

미항공 우주국(NASA)의 사업분야에서 한 여주인공이 새로운 영웅으로 떠올랐다. 그녀는 영웅이라기보다 그 팀의 절대적 멤버임이 증명된 것이다. 그녀의 이름은 바바라 애스킨스.

바바라는 우주에서 수신된 사진의 질을 높이는 새로운 기술

어떻게 이런 일이……

을 창안해냈다. 그녀의 발명품은 여러 분야에서 상업적인 이용 가
능성을 갖고 있다. 이 기술은 오래되어 색이 바랜 사진을 원래의
모습으로 복원시켜 주고, X-레이 촬영시 해로운 광선에 노출시켜
생기는 위험을 줄여 줄 수도 있다. 화학기사인 바바라는 마셜센터
우주과학 실험실에서 사진학을 다루었으므로 색이 바래고 노출이
덜 된 천문 및 태양 사진들을 대상으로 시험, 연구했다. 그녀의
기술향상은 새로운 화학 활성화법인 알칼리 용약 사용과 관련이
있으며 인공위성 과학실험들을 개발시켰다.

8. 방사선 면역분석기

　1977년 노벨 의학상을 수상한 미국 로절린 얄로 박사는 몇 안
되는 여성 수상자가 되었다. 그녀는 임상의학에서 바로 이용할 수
있는 방사선 면역분석기(RIA)로 노벨상을 받았다. RIA는 생물학
적 영향력을 가진 물질이라면 어떤 것이라도 감지해내는 효과 있
는 기구로 전세계의 실험실에서 널리 사용되고 있다.

　로절린 얄로는 1921년 뉴욕에서 태어났고, 부모님들은 독일
과 동유럽의 유태인들이었다. 그녀는 어려서부터 수학과 화학에
빠졌고, 대학에 가서 물리학으로 돌아섰다. 19세 때 퀴리 부인의
전기를 읽고, 핵분열에 관한 세미나에 관심을 가졌다. 1945년, 핵
물리학 분야에서 박사학위 실험논문 때문에 실험실에서 많은 시
간을 보내기 시작, 22년 후에 방사선 면역분석기를 완성했다. 이
것은 암진단 등 내분비과에 일대 혁명을 가져왔다.

9. 방 적 기

영국에서 일어난 산업혁명은 방적기계의 발명과 이 기계를 움직이는 동력, 즉 증기기관의 발명이 같이 이용되면서 일어났다. 이러한 산업혁명 때문에 영국은 19세기부터 일찍이 없었던 큰 번영을 이룩할 수 있었다. 본래 영국에서는 가내수공업의 형태로 직물공업이 발달했다. 그러나 식민지 시장이 확대되면서 옷값의 수요가 급증하였다. 따라서 기계화 및 대량생산이 가능한 방적기의 연구가 활성화를 띠게 되었다.

1733년 영국의 존 케이에 의해서 옷을 짜는 틀이 개량되기 시작했다. 1767년에는 영국의 제임스 하그리브스가 방적기에 대한 획기적인 발명을 했다. 제임스 하그리브스는 이 방적기를 아내 이름을 따 제니방적기라고 불렀다. 제니방적기는 이발사 아크라이트가 발전시켰고, 그 단점을 크림프턴이 보완하여 1799년 새로운 방적기의 발명에 성공했다.

10. 배디스케이프

사람이 깊은 바다 속을 탐험하려면 엄청난 압력을 이겨낼 수 있어야 한다. 아무리 정교한 잠수복을 입어도 사람은 1백미터 이상 잠수할 수 없다.

1930년대 초 미국의 생물학자 C. W. 비비는 석영으로 된 창이 달린 두꺼운 강철로 잠수구(潛水球)를 고안해냈다. 이 잠수구는 그 안에 사람이 들어가 바닷속 깊숙이 내려갈 수 있게 되어 있다. 이 장치를 '배디스피어'라고 일컬었다.

1934년 비비는 바다 속 900미터까지 잠수했고, 동료인 벤톤은

어떻게 이런 일이……

1948년, 배디스피어를 개량해 1,350미터까지 잠수했다. 그러나 이 잠수구들은 마음대로 조종할 수 없었다. 그러다가 잠수구에 가솔린 기구를 매단 장치를 고안하여 잠수구가 떠오르거나, 가라앉고, 이동할 수 있게 했는데 이것이 바로 배디스 케이프(심해조사용 잠수정)이다.

11. 백내장 수술, 안구 이식법

세계적으로 유명한 모스크바 안과 국소수술 연구협회 총감독인 페오도르프 박사와 동료들은 백내장, 근시, 녹내장과 그 밖의 안구치료를 위한 새 수술기법 개발에 대한 연구를 지속적으로 하고 있다. 그 중 1970년부터 백내장 수술과 사시교정부문 책임자를 지내온 엘레오노라 에고로바는 발명가다. 그녀가 안과수술 분야에서 이룬 가장 큰 공헌은 외상 백내장 수술과 안구이식 이용 그리고 현대적인 기술 향상에 따른 여러 가지 문제점들의 해결방안이었다. 그 수술에는 각막, 홍체, 수정체, 유리체에 대한 작업과 안구 내 렌즈 이식과 같은 작업이 포함된다.

에고로바는 1938년부터 모스크바의 보로네슈에서 태어났다. 그녀는 소련 안과학의 여왕일 뿐만 아니라 프랑스와 미국을 포함한 여러 국가에서 강의도 하고, 과학심포지엄에 참석하여 수술을 집도하기도 했다.

12. 백 신

현재 우리 나라에서는 천연두, 장티푸스 등의 전염병이 거의 보이지 않는다. 소아마비의 폴리오 역시 백신의 투여로 감소되는 추세고, 결핵도 BCG의 예방주사로서 어린이의 발병이 줄고 있다. 이와 같이 면역을 이용한 전염병의 예방법을 최초로 만든 사람은 종두에 성공한 제너이다.

19세기 말 프랑스의 파스퇴르는 종두와 같은 방법으로 다른 전염병도 예방할 수 있으리라 생각하여 연구한 결과 탄저병의 면역 연구에 성공했다. 그리고 광견병의 인공 면역을 만들었다. 1890년 독일의 베에링은 혈청에 의한 인공 면역을 만들었고, 같은 해 코흐는 결핵균의 왁찐인 투베르쿨린을 만들었다.

프랑스에서는 카르메트와 게랑이 1906년부터 B.C.G라는 결핵균을 만드는 데 성공했다. 백신에는 사균 백신, 약독성균 백신, 톡소이드 등이 있다.

13. 버섯 찾는 장치

버섯은 여러 종류가 있는데, 인공적으로 키우는 것보다 자연산이 맛이 좋고 가격도 비싸다. 이렇듯 비싼 자연버섯을 찾아 무작정 산을 돌아다니는 사람도 있지만, 영국이나 프랑스 등에서는 훈련받은 사냥개를 이용하여 버섯을 채취한다고 한다. 심지어 돼지까지 동원되기도 한다. 그런데 영국의 매체스터대학 과학기술 연구소의 크리슈나 퍼사우드가 버섯 찾는 첨단 장치를 개발하였다. 퍼사우드는 인공 코와 혀를 연구하면서 이 발명품을 개발한 것이다.

이 장치는 버섯이 내뿜는 가스의 조합을 찾아내기 위해 20여 개의 센서가 내장되어 있는데, 버섯의 독특한 냄새만 찾을 수 있도록 되어 있고, 버섯을 찾으면 발신음을 울려 알려준다. 이 장치

어떻게 이런 일이……

를 잘만 이용하면 우리 나라에서도 산삼을 찾는 기계를 볼 수 있을지 모른다.

14. 벽지만큼 얇은 스피커

스피커의 경쟁력은 얼마나 얇고, 성능이 좋은가에 달려 있다. 현재 나와 있는 스피커는 매우 얇아서 그림이나 사진을 걸어놓듯이 벽에 걸어도 될 만큼 발전되었다. 그런데 미국의 한 회사는 두께가 벽지와 비슷한 스피커를 개발했다고 한다.

미국 캘리포니아 주 뉴부리 파크의 MZX사가 개발한 스피커이다. 이 회사의 창설자인 클라우스 짐머만은 기존 스피커의 개념을 깬 이 상품은 얇은 두께에 반비례하여 성능은 일반 스피커의 두 배 이상이라고 밝히고 있다. 제조법은 의외로 간단하다. 이처럼 스피커의 두께가 얇아지게 되면 스피커를 사용하는 모든 전자제품 또한 비약적인 발전할 수 있을 것이다. 자동차의 유리창, 전등의 갓 등으로 만들어진 스피커나, 공간활용에 좋은 오디오 세트도 등장하게 될 것 같다. 벽에 걸어두면 스피커인지도 모른다니……

15. 변질식품 색깔 구별기

식품을 구입할 때면 대부분 유효기간을 확인해야 하고, 어느 때는 재고물량을 줄이기 위해 유효기간을 너무 길게 잡은 식품회사 때문에 소비자들이 골탕을 먹기도 한다. 그런데 유효기간에 상관없이 현재 상태에서 사람이 먹을 수 있는지의 여부를 색깔로 알려주는 부착물이 개발되어 식생활에 도움을 줄 것 같다.

미국 뉴저지 주 모리스 플레인스에 있는 라이트라인 테크놀로지사에 의해 개발된 이 발명품은 포장된 식품의 노출 온도를 감지하여 식품이 상해서 먹을 수 없게 되면 부착물의 색깔을 변하게 한다. '스마트'라고 이름 붙여진 이 부착물은 식품에 표기된 유효기간과는 별도로 스스로 식품 상태를 나타내 주는 것이기 때문에 인위적으로 유효기간을 늘리는 사례는 없을 것으로 기대된다.

16. 변형 성냥갑

모양을 바꾸는 것도 발명이다. 빌딩의 수위였던 쓰쓰이는 모양을 바꾼 성냥갑으로 천만장자가 되었다. 30여 년 전만해도 성냥갑은 장방형과 삼각형이 고작이었다. 쓰쓰이는 이에 착안, 50여 종의 성냥갑을 선보여 성냥박사라는 별명을 얻기도 했다.

동경올림픽이 준비되고 있을 무렵, 일본 전역은 판촉물개발의 열기로 뜨겁게 달아오르고 있었다. 각 기업들은 홍보를 위해 현상금까지 내걸고 아이디어를 공모했다. 수위로 자신의 인생을 끝낼 수 없다고 생각한 쓰쓰이도 머리를 짜내다가 담배를 피우려고 꺼낸 성냥을 보는 순간 무릎을 탁 쳤다. 그때부터 이단형, 반달형, 맥주병형, 8각형, 원통형 등 새로운 모양의 성냥갑을 만들어 그 중 50여 종을 의장출원, 그 중에서 맥주병형의 성냥갑을 맥주회사가 채용해 준 덕에 쓰쓰이는 운명이 바뀐 것이다.

17. 병 조 림

요즘은 제철이나 산지 등에 관계 없이 갖가지 음식물의 제맛을 즐길 수 있다. 이같이 미각의 향연을 마음껏 누리게 된 것은 무엇보다도 식품가공 및 보관기술의 발달에 있다. 식품가공이나 보관술의 원조라 할 발명품은 무엇일까?

바로 병조림이다. 발명가는 작은 식당의 요리사였던 아페르.

프랑스의 파리 근교에서 가난한 채소장사의 아들로 태어난 아페르는 어릴 적부터 학교는 가지도 못한 채 식당에서 잔심부름을 하며 자랐다. 결국 요리사가 되어 몇 년의 세월이 지난 1809년, 당대의 영웅인 나폴레옹이 1천만 프랑의 상금과 훈장을 내걸고 '식료품 저장과 포장방법'을 공모했다. 그 당시에는 선원이나 군인들을 위해 식품을 썩지 않게 보관하는 것이 큰 골칫거리였다. 이 소식을 전해 들은 아페르는 곧 음식을 끓여 병에 넣고 밀봉했다.

18. 병충해경고 발광식물

병충해가 발생하면 속히 약을 뿌려달라고 스스로 빛을 내는 식물이 개발되었다.

영국 에든버러 대학 세포생물학 연구소의 토니 트리워터 박사 팀은 식물, 특히 농작물이 병균이나 해충의 공격을 받으면 밤중에 스스로 빛을 발해 이것을 경작자에게 알려주는 식물을 개발했다. 우리 나라에서도 농약을 너무 많이 뿌려서 발생되는 문제가 많기 때문에 이 식물의 출현은 반가운 일이 아닐 수 없다.

이 발광식물의 원리는 유전물질 이전 기술을 이용한 것으로 해파리의 발광 단백질을 식물에 주입하면, 해충에 의해 식물외부에 이상이 생겼을 경우 발광단백질이 작용하도록 만든 것이다. 트리워버박사는 담배를 만드는 식물인 연초를 대상으로 실험하여 성공했다고 밝혔으며, 반딧불 같은 발광식물을 개발중이라고 한다.

19. 보르도액

　포도주는 프랑스의 유명한 농산물이다. 프랑스에서는 포도농사가 주종을 이루고 있는데 노균병이 번지면서 포도농사를 크게 망친 일이 있었다.

　1882년 10월 어느 날, 미야르데는 포도원 안을 거닐고 있었다. 그의 눈에 띄는 포도나무는 모두 노균병에 걸려 시들거리거나, 죽기 직전이었다. 계속해서 포도나무들을 관찰하던 미야르데의 앞에 이상한 광경이 벌어졌다. 길가에 늘어선 고랑의 포도나무들은 싱싱하게 잘 자라고 있었던 것이다. 이 나무들은 길가에 있어 행인들이 따먹지 못하도록 보르도액이라는 액체를 뿌려놓았다는 것을 안 미야르데는 곧 연구실로 돌아왔다. 그리고 3년의 끈질긴 연구 끝에 드디어 보르도액이 노균병의 곰팡이 번식을 막는 이유를 알아냈다. 그 결과 보르도액으로 농약을 제조하는 데 성공, 포도농가의 영웅이 되었다.

20. 보온병

　에스키모인들은 얼음이나 딱딱한 눈덩이를 사각으로 잘라 '이글루'라는 얼음집을 만들어 그 안에서 생활한다. 같은 이치로 눈이 많이 내리는 지방의 어린이들은 '눈굴'을 파서 그 안에 들어가 놀이를 한다. 이글루나 눈굴의 한 가지 공통점은 그 안이 춥지 않다는 것이다. 눈굴이나 얼음집과 같은 원리로 만들어진 '보온병'의 원래 이름은 '듀바병'.

　발명가 듀바의 이름을 딴 것이다. 그 보온병 속은 얼음이나 눈으로 된 벽처럼 내벽이 흰빛 대신 거울로 되어 있다. 보온병은

어떻게 이런 일이……

이중의 유리벽으로 되어 있어 내부가 작다. 이 같은 보온병은 바인홀트라는 사람이 1881년 처음 고안했다. 그러다가 1890년 듀바에 의해 개량되어 오늘날에 이르고 있다. 보온병은 액체화된 공기나 찬물, 혹은 더운물의 보존에 사용된다.

21. 복 사 기

타자기의 발명으로부터 150년 뒤의 팩스 발명 사이에 복사기만큼 사무실의 혁명을 몰고 온 발명품도 드물 것이다. 복사 (xerography)라는 말은 그리스어의 xeros(마른)과 graph(쓰다)의 합성어로 발명가는 미국의 체스터 플로이드 칼슨이다.

칼슨은 헝가리의 과학자 풀 셸리니의 이론을 연구하여 복사기를 연구끝에 발명하였다. 칼슨의 기계는 빛, 열, 전기를 사용하여 건조 분말 상태의 염료를 종이에 고정시키는 것이었다. 칼슨은 계속해서 복사공정을 개선하여 1938년 최초의 복사기를 만들었다. 당시에는 이 발명품의 놀라운 잠재력을 인정해주는 회사가 나타나지 않았다. 1944년 칼슨은 오하이오의 비영리 과학재단인 베텔레 기념 연구소와 계약, 복사공정의 개발에 들어갔다. 베텔레는 할로이드라는 회사에 특허를 허락했다.

22. 볼 펜

요즘에 가장 널리 사용되고 있는 필기도구라고 하면 단연코 볼펜을 들 수 있을 것이다. 이 필기구는 여러 사람의 땀과 노력으로 탄생되었다.

헝가리 사람으로 교정을 하던 빌로는 만년필에 몇 번씩 잉크를 보충하는 불편을 없애기 위해 새로운 필기구 발명에 몰두하기 시작했다. 미국에서는 제2차 세계대전중 빌로의 펜촉이 없는 펜을 본 레이놀즈가 그것을 미국으로 들여갔다. 그러나 미국의 존라우드가 1888년에 이미 볼펜을 발명하여 특허를 취득한 상태였다. 결국 이것은 만년필 때문에 빛을 보지 못하였다. 볼펜이 오늘날과 같은 형태가 된 것은 끈기가 있는 잉크를 사용하면서부터이다. 이것은 오스트리아의 화학자 프란츠 제이크가 합성한 것이다. 제2차 세계대전 후, '물 속에서도 쓸 수 있는 펜'으로 소개되어 빛을 보게 되었다.

23. 부 목

목과 등에 대는 부목(Neck-Aid)을 발명한 할디스는 노르웨이의 간호사이다.

그녀는 45세의 나이에 딸과 함께 오스로 대학에 입학했다. 그리고 대학으로 가던 1984년 어느 날, 끔찍한 교통사고를 목격하게 되었다. 사고 차량 중의 하나에는 척추가 골절된 사람과 두개골이 함몰된 사람이 있었다. 환자는 의식을 잃은 쇼크상태에서 머리에서는 피가 흐르고, 발은 차에 끼어 움직일 수 없었다. 간호사로서 희생자를 돌보던 할디스는 부상자가 후송되다가 척추부상으로 고통받을 것을 생각하여 어떻게 하면 골절된 척추를 고정시킬 수 있을까를 스스로에게 묻게 된다.

그로부터 몇 년간, 할디스는 목보조기를 연구하여 1987년 드디어 세상에 내놓았다. 이 기구는 부드럽고 두꺼운 플라스틱으로 목 주위와 이마, 복부를 받치고 알루미늄 부목은 목과 척추를 고

어떻게 이런 일이……

정시킨다.

24. 비 누

비누가 발명되면서 유럽인의 평균수명은 반세기에 20년이나 늘어났다. 언제 어떻게 발명되었을까?

비누는 상당히 오래 전부터 알려져 있었다. 고대 이집트에서는 재와 기름을 섞어 손씻는 약품을 만들었는데 이것이 비누의 원조인 셈이다. 그러나 비누를 만들어 일반 사람들이 사용할 수 있게 된 것은 불과 2백여 년 전부터이다. 비누를 제조하기 위해서는 동식물의 지방과 가성소다나 가성칼리를 반응시킨다. 옛날에는 목재를 태워 얻은 재의 칼리를 사용하기도 했다. 2백여 년 전 유럽인들은 목욕을 좋아하지 않아 매우 불결했다고 한다. 그래서 이질, 티푸스 같은 경구 전염병과 피부병이 심해 평균 수명은 40세 미만이었다고.

프랑스의 루브랑이 해수의 소금과 암염 (巖鹽)을 원료도 소다를 양산하는 방법을 발명하면서 비누가 보급되기 시작했다.

25. 비디오 테이프

1927년에 실용화된 텔레비전은 1950년대에 와서 보편화되었다. 소리의 자기 기록도 같은 시기에 실현되었으므로, 텔레비전 화상을 활동영상 필름이 아닌 다른 방법으로 기록하는 수단을 찾는 것은 자연스러운 일이었다. 여기에 관련된 실험이 1940년대 후반부터 행해졌고, 스카치 테이프 제조회사인 3M사는 1951년 최초의 비디오 테이프 레코더를 선보였다. RCA도 1954년에 경쟁작픔을 내놓았으나 둘 다 만족스런 정도는 아니었다.

1951년 레이 돌리라는 젊은 학생이 실용적인 녹화기를 개발하기 시작하여 1967년에 자기 기록에서의 잡음제거장치인 돌비시스템을 처음으로 개발했다.

그리고 최초의 컬러 비디오 테이프 레코더인 암헥스 VR1000B는 1958년에 나왔다. 그 후 1963년에 소니와 필립스가 처음으로 가정용 비디오 레코더를 선보였다.

26. 비아그라

핵 발명 이후 최대의 발명품이며, 신이 내려준 20세기 마지막 선물로 극찬을 받는 비아그라는 누가 만들었을까?

1992년 영국에 위치한 화이자 샌드위치 연구소는 지난 80년대 초반부터 협심증에 대한 연구를 시작했다. 그 연구의 초점은 실데나필을 연구함으로써 협심증을 치료할 수 있는 획기적인 의약품을 개발하는 것이었다. 그러나 샌드위치 연구소측은 협심증에 대한 임상연구를 실시하면서 실망스런 결과를 얻게 되었다. 그런데 연구진 가운데 반짝이는 아이디어를 떠올린 사람이 있었다.

'실데나필을 성기혈류에 사용하면 어떤 결과를 낳을 것인가?'

이에 따라 화이자 연구진들은 실데나필을 이용해 성기에 혈류를 증가시키는 연구로 변경함과 동시에 음경의 혈류 흐름에서 산화질소의 역할을 규명하는 연구를 병행, 그 효능을 발표했다.

27. 비타민

1734년 여름 그린랜드를 항해중이던 영국 배에서의 일이다.

항해를 하던 선원들 가운데 한 사람이 괴혈병에 걸려 신음하고 있었다. 당시만 해도 괴혈병은 죽음과 직결된 무서운 병이었기 때문에 선원들은 아직 죽지 않은 환자를 어떤 섬에 홀로 내려놓고 가버렸다. 얼마 후, 의식을 찾은 환자는 제일 먼저 눈에 띄는 과일과 싱싱한 풀로 허기를 채웠다. 그렇게 며칠을 지난 환자는 괴혈병이 말끔하게 나은 상태로 사람들에 의해 구조되었다. 그는 자신을 구해준 사람들에게 자초지종을 얘기했으나 믿어주는 사람이 없었다. 그런데 영국 해군의 의사 제임스 린드가 눈을 반짝이며 그 이야기를 들었다. 그 후 린드는 여러 종류의 식물을 분석한 끝에 야채와 레몬즙에 그 물질이 있음을 알아냈다. 그러나 사람들은 50년이 지난 후에야 린드의 말을 믿기 시작했다.

28. 비 행 기

인간이 하늘을 날고자 하는 꿈은 우리의 조상들이 새를 부러운 눈으로 쳐다보면서부터 시작되었을 것이다. 레오나르도 다빈치의 설계를 비롯하여 많은 사람들이 하늘을 나는 기계를 설계하였으나 실제적인 것은 없다가 1789년 몽골피에 형제가 풍선을 이용하여 최초로 인간비행을 했다.

미국 정부는 사무엘 피어폰트 랭글리의 비행기 제작 계획에 막대한 투자를 했으나 1903년 실패로 끝나고 말았다. 같은 때, 오라이오의 윌버와 오빌 라이트 형제는 자비를 털어 비행기 제작을 추진하고 있었다. 라이트 형제는 어릴 때부터 항공학에 관심을 가졌고, 1896년에 처음으로 무인 글라이더를 만들었다. 그러다가 나무로 만든 기체에 천을 덮은 복엽기 '라이트 플라이어'를 만들어

수냉식 엔진을 사용하고, 체인으로 두 개의 프로펠러를 돌려 1903
년 비행에 성공하였다.

29. 비 행 선

　기구는 18세기 프랑스에서 발명되었는데, 1851년 지파르는
기구에 증기기관을 달 것을 착상했다. 그것은 길이 40여 미터의
기구에 50마력의 기관을 달고, 천천히 프로펠러를 돌리도록 되어
있었다. 기구는 비행기와는 달라 전진하지 않더라도 떨어지는 일
이 없으므로 지파르의 기구는 시속 19킬로미터 정도의 속도로 나
아가게 되어 있었다. 이것이 세계 최초의 비행선이었다.

　그 후, 프랑스의 르포디 형제는 1900년에 비행선을 만들어 최
대 시속 40킬로미터로 공중을 날았다. 그 무렵 독일의 쩨펠린이
알루미늄 골조를 조립하여 경식 비행선 '쩨펠린 1호'를 완성하였
다. 그리고 1911년에 '쩨펠린 7호'가 나와 세상을 놀라게 했다.
1929년에 완성된 127번째의 '쩨펠린 백작호'는 65명을 태우고 세계
일주 비행에 나섰다. 그러다가 비행기가 발달하면서 자취를 감추
었다.

어떻게 이런 일이……

1. 사각도 볼 수 있는 TV

TV에 나오는 화면에는 바위나 사람에 가려 그 뒤에 나오는 물체를 볼 수 없는 사각이 있다. 그런데 이제 바위가 나와도 측면에서 보면 바위 뒤에 있는 물체를 볼 수 있는 화상 장치가 개발되어 실감나는 화면을 즐길 수 있게 되었다.

일본의 쯔꾸바 대학의 오오타 교수진이 개발한 시스템이 그것이다. 이 기술은 우선 피사체를 여러 각도에서 촬영하여 각도에 따라서 한 피사체까지의 거리와 높이 등의 위치관계를 산출해낼 수 있는 원리를 이용하여 약간은 복잡한 화상 재생을 하게 되어 있다. 하지만 촬영된 내용을 재생해서 시청자가 볼 수 있도록 하는 장치는 의외로 간단하여 지금의 TV에 전용화상 처리 장치를 붙이기만 하면 이 실감나는 화면을 볼 수 있다. 시청자는 한쪽으로 치우쳐서 보기만 하면 된다.

2. 사냥용 신발

레온우드 빈, 미국 스포츠용품 판매회사의 창시자인 그는 처음에 사냥용 신발을 만드는 일로 사업을 일으켰다. 빈은 스무살이 되는 1893년 어느 날, 신발가게에서 일하다가 쉬는 틈을 이용하여 잠시 생각에 잠겼다. 그는 열한살 때 아버지로부터 덫을 받고 사냥을 했는데, 신발들을 보다가 문득 '사냥을 할 때 편한 신발은 없을까?' 하고 궁리하기 시작한 것이다.

짐승을 쫓거나 산에서 이동할 때는 튼튼하고 미끄러지지 않는 신발이 필요하다고 생각했다. 곧 윗부분을 질기고 편한 가죽으로 사용하고, 고무로 된 바닥의 사냥용 신발을 구상한 그는 시험삼아 두 켤레를 만들어 손님에게 건네주었다. 그랬던 것이 주문량이 100 켤레로 늘어났다가 반품되는 과정에서 연구를 거듭한 결과 빈은 본격적으로 사냥용 신발을 개발해냈다. 사업은 성공적이었다.

3. 사람이 입는 로봇옷

사람이 옷을 걸치는 것만으로 로봇과 같은 거대한 힘을 발휘할 수 있다면 이 옷을 입기만 하면 사람은 못해내는 일이 없을 것이다. 마치 영화 〈에어리언〉에서 여주인공이 괴물과 싸울 때 입었던 작업용 갑옷과 비슷한데 실제로 우리 생활에 쓰일 날도 멀지 않았다.

일본 도쿄에 있는 전자통신 대학의 카주오 야마후지 교수가 러시아 과학 아카데미의 세르게이 유리아노프 박사와 미국 캘리포니아 대학 토목공학과의 마리아 팽 교수의 도움을 받아 연구중인 로봇옷이 그것이다. 이 연구를 시작하게 된 동기는 지진이 일어났을 때 피해자 구조를 원활하게 하기 위해서였다. 로봇옷의 개발은 현재 티타늄 갑옷, 특히 팔꿈치, 무릎, 그리고 다른 관절에 로봇 기술을 결합시키는 방향으로 진행되고 있다.

어떻게 이런 일이……

4. 사막에서 생기는 공기우물

사막에 우물이 생긴다. 모래뿐인 사막에서 사람들은 물을 공급받기가 힘들고, 대규모의 수로공사를 해야만 식수를 얻을 수 있어 여간 불편한 것이 아니었다. 그런데 사막의 건조한 공기 속에서도 물을 얻을 수 있는 방법이 고안되었다.

미국 시애틀의 보잉사가 바일과 헨리, 도널드 테렐 등의 공학자들과 함께 '공중우물'이라고 불리는 피라미드 형태의 탑을 사용하여 개발한 것이 그것이다. 이 방법은 바윗돌을 느슨하게 쌓아 작은 산을 만드는 것으로 모든 공사가 끝났다고 할 수 있을 정도로 간단하다. 사막은 낮과 밤의 온도차가 심하기 때문에 낮에 태양열을 받은 바위들이 밤의 찬 기온에 노출되면 스스로 공기 중의 습기를 응축시켜 물을 생산, 이렇게 생산된 물을 모이게 하는 장치만 설치하면 영구적인 우물이 된다는 것이다.

5. 사 진

사진술의 발명은 평면에 상을 투영시키는 렌즈와 투영된 상을 기록할 수 있는 감광물질의 개발로 이루어졌다. 렌즈는 바늘구멍 카메라의 원리에 기원을 둔다. 이 원리는 피사체에 반사된 빛이 어두운 상자에 뚫린 작은 구멍을 통과해서 상자의 벽에 투영되어 거꾸로 선 상을 만드는 것으로 레오나르도 다빈치가 처음 사용했다.

1727년 독일의 의사 J. H. 쉴츠는 염화 은이 빛에 노출되면 색깔이 검어진다는 사실을 발견했다. 영국에서는 험프리 데이비가 염화 은을 사용하여 더 많은 실험을 하였다.

1824년 조셉 니엡스는 노출시키기 전에 금속판에 역청을 바르면 상이 영구히 보존된다는 것을 알아냈다. 이렇게 해서 나온 사진을 젤라틴판 사진이라고 한다. 1839년 다게르는 은판 사진을 발명하였다.

6. 사카린

세계 발명사를 살펴보면 엄청난 노력과 자본이 요구되는 발명품이 우연한 기회에 얻어지는 경우도 있다. 1970년대까지 단맛의 황제로 불리던 사카린도 실험 도중 우연히 발명된 걸작으로 꼽고 있다. 발명가는 화학자 팔벨.

그는 1879년 새로운 물질을 발명하기 위해 각종 시약의 합성 실험에 정성을 쏟고 있었다. 그러던 어느 날, 여전히 실험에 열중하던 그에게 급한 전화가 걸려왔다. 손에는 합성중이던 시약이 묻어 있었다. 그러나 손을 씻을 겨를도 없이 수화기를 들었다. 그 순간 손에 묻은 시약이 입에 닿았다. "와! 이렇게 기막힌 단맛이라니!" 당시 단맛을 내는 것은 설탕뿐이었고 생산방법 또한 원시적이었다. 그 때문에 생산량이 적고, 값이 비싸 부자들이나 맛볼 수 있었다. 그래서 팔벨은 사카린의 대량생산을 서둘러 사카린이 세계로 퍼지게 되었다.

7. 사탕

어린이나 노인들이 특히 좋아하는 사탕을 사탕수수의 물을 졸여서 만드는 방법은 2천년 전부터 인도 등지에 알려져 있었다. 기원전 327년, 알렉산더 대왕이 인도를 침략했을 때 이미 인도 사

어떻게 이런 일이……

람들은 사탕을 사용하고 있었다.

7세기 경 중국에서는 인도에 기술자를 보내 사탕 제조법을 배워오게 했고, 8세기 경 아라비아인은 유럽 각국에 사탕을 전해 주었다. 이 무렵 중국을 통하여 일본에도 사탕이 전달되었다.

11세기 경 유럽에서 십자군전쟁이 일어났는데, 몇 번에 걸친 터키 공격을 통해 십자군은 유럽으로 사탕을 가져갔다. 15세기 중엽부터 아프리카 서쪽 마딜다섬, 스페인, 아메리카 등지에서도 사탕수수의 재배를 시작했다. 그러면서 사탕에 대한 연구가 활발해졌다. 독일의 화학자 마르크그라프는 사탕수수 이외의 식물에서 사탕을 얻는 방법도 연구했다.

8. 산 토 닝

1960년대만 해도 인간들은 기생충에 의해 목숨을 잃기까지 했다. 이것을 안타깝게 생각한 일본의 시야는 구충제를 만들기로 결심하고 자료를 수집했다.

그 결과 '알데미'와 '시나'라는 식물에서만 원료를 추출할 수 있다는 사실을 알아냈다. 그런데 이 식물은 소련에서만 재배되었고, 외국으로 유출이 금지되어 있었다. 여러 경로로 수입을 시도했으나 번번히 실패였다. 그 식물이 소련에만 있으란 법은 없을 것이라고 생각한 시야는 지구 전체를 뒤져서라도 찾아내겠다고 결심했다. 시야는 전세계를 대상으로 이 식물을 찾아나섰다. 드디어 북유럽에서 같은 계통의 식물을 찾아내는 데 성공한 시야는 원초가 확보되자 곧 구충제를 만들었다. 일본 신약은 크게 발전하였고, 기생충으로부터 인류가 구출된 것은 당연했다.

9. 삼각팬티

버뮤다의 삼각지대처럼 사람의 은밀한 부위를 살짝 가린 삼각팬티는 누구의 작품일까? 제일 먼저 특허로 등록한 사람은 일본의 사쿠라이 여사다.

그녀는 일명 '마이크로' 팬티로 불렸던 '삼각팬티', 꿰맨 곳이 줄어든 '유니크 팬티', 스타킹을 겸한 '타이즈', 아기 기저귀 커버를 겸한 '유아용 아톰 팬티' 등 팬티 시리즈로 돈방석에 앉은 특이한 발명가이다. 젊은 디자이너도 아니고 손자들에게 둘러싸인 50대 중반의 할머니로 젊은 시절 의류 소매상을 한 것이 옷과 관련된 인연의 전부였다. 사쿠라이 여사는 어느 여름날, 아이들이 무릎까지 닿을 정도로 긴 속옷에 몹시 불편해하는 것을 발견했다. 당시는 동서양을 막론하고 반바지에 가까운 속옷뿐이었다. 손자에게 편한 속옷을 만들어 주기 위해 여사는 테트론을 싹뚝 잘라 봉제했다. 편리하기 그지없었다.

10. 삼륜차

1970년대 초까지, 세개의 바퀴가 달린 삼륜차가 있어서 짐을 실어 날랐다. 뒤뚱거리기는 했지만 좁은 골목길도 자유롭게 드나들 수 있어 더없이 편리한 운송수단이었다.

지금은 골동품에 불과하지만, 자동차의 아버지로 불리는 벤츠는 이 발명으로 돈과 명예를 한꺼번에 거머쥐었다. 작고 가벼운 자동차를 발명하여 판매한 사람으로도 유명한 벤츠는 엔진에도 손을 대고 있었다. 그러나 자신보다 앞서 오토와 랑겐이 발명하여 특허를 얻은 엔진 때문에 손쓸 틈이 없었다. 그래서 벤츠는 두 사

어떻게 이런 일이……

람의 특허기술은 피하고, 또 다른 기능을 추가하여 엔진을 만들었
다. 그러나 이 엔진으로 만든 자동차는 허약하고 힘이 모자랐다.
그로 인해 생각해낸 것이 삼륜차였다. 1887년 마차가 달리는 거리
에 등장한 벤츠의 삼륜차는 곧 사람들을 열광시켰다.

11. 상하지 않는 우유

　우유를 살 때 제일 먼저 확인하는 것이 유효기간이다. 상한
우유를 먹으면 배탈이 나기 십상이고 이런 우유를 처리하는 것도
큰 문제였다. 또한 우유를 생산하는 농가나 생산된 우유를 수거하
여 살균, 가공, 유통시키는 업체도 신선한 우유를 보급하기 위해
많은 노력을 해왔다. 그런데 유효기간이 백배 이상 늘어난 우유가
미국 코넬 대학의 과학자들에 의해 개발될 수 있을 것으로 보인
다. 이들의 연구는 우유 자체의 맛과 영양에는 거의 영향을 주지
않을 정도의 이산화탄소를 우유에 용해시키면 부패를 일으키는
많은 박테리아를 죽일 수 있어서 현재의 보존기간보다 1백배나 넘
는 유효기간을 산출할 수 있다는 것이다. 이런 처리방법은 비용도
싸고, 상한 우유를 먹을 염려도 없으니 일석이조이다.

12. 샌드위치

　집안, 야외, 혹은 길거리에 관계 없이 바쁜 샐러리맨이나 학
생들이 간편하게 한끼 식사를 할 수 있는 샌드위치는 동서양을 뛰
어넘어 인기식품으로 탄탄하게 자리를 굳히고 있다. 이 간편식은
프랑스 샌드위치 백작의 작품이다.
　1780년 경 귀족들이 모여 살던 파리 중심가에서는 밤낮없이

노름판이 벌어졌다. 샌드위치 백작도 예외는 아니어서 잠을 설치는 것은 물론이고, 식사까지 거르는 것이 예사였다. 덕분에 나날이 쇠약해져가는 백작을 보다못한 하인들이 빵과 고기, 그리고 야채들을 되는 대로 으깨고 버무려 먹기 좋게 뭉쳐서 백작의 손에 쥐어 주었다. 이것에서 힌트를 얻은 백작은 빵과 빵 사이에 고기와 채소를 넣어 익혀서 세상에 내놓았다. 인기절정에 이르면서 이것은 '샌드위치'가 되었고, 백작은 성실한 관리가 되었다.

13. 생각하는 콘크리트

건물은 대개 콘크리트로 이루어져 있는데 이것은 시간이 많이 흐르면 자연적으로 갈라지고 부서지는 결점이 있다. 콘크리트가 갈라지는 이유는 내부에 작은 구멍이 생기기 때문이다. 최근 미국 일리노이 대학의 건축학 교수인 캐롤린 드라이와 미시간 대학의 토목환경공학 교수인 빅터리에 의해 스스로 콘크리트 내의 구멍과 균열을 탐지하고 수리할 수 있는 '생각하는 콘크리트'가 발명되어 건물의 수명을 두배 이상 늘리게 되었다.

이 발명품의 원리는 간단하다. 여러 섬유 중에서 구멍이 많은 섬유를 골라내 그 구멍에 접착제를 채우고 코팅하여 콘크리트에 골고루 섞으면 작업이 끝난다. 코팅된 섬유는 콘크리트가 갈라질 때 깨지게 되고, 그 속에 있던 접착제가 흘러나와서 콘크리트의 갈라진 부분을 메우게 되는 것이다.

14. 생리대

요즘 여성들은 생리 때가 되면 아주 쉽고 간편하게 해결할 수

어떻게 이런 일이……

있어서 문제가 될 것이 없지만, 불과 30여 년 전만해도 여성들은 매월 한 번씩 고통을 치러야 했다. 두툼한 기저귀를 밤중에 몰래 빨거나 처리하는 곤혹스러움이란…… 이런 문제들을 말끔히 해결하여 여성들을 생리의 공포로부터 해방시킨 사람이 있다. 일본의 사카이 다카코 여사.

사카이도 생리가 심할 때는 출근조차 할 수 없었다. 그래서 어떻게 하면 감쪽같이 치를 수 있을까 궁리하던 그녀에게 어느 날, 후배 하나가 "흡수성이 강한 종이로 만들면 샐 염려도 없고, 화장실에서 감쪽같이 갈아 끼울 수 있을 것이다"는 귀띔을 해주었다. 여기서 힌트를 얻은 사카이는 곧 연구에 착수하여 직접 실험해 보았다. 옆으로 새지 않고 표시도 나지 않으며 편리했다. 이것은 '안네'라는 이름으로 순식간에 퍼졌다.

15. 석유풍로

제2차 세계대전 당시 일본 해군의 포대 사단장으로 용맹을 떨쳤던 이데.

우리에게는 악명 높은 왜장이지만 일본에서는 용장으로 유명한 사람이다. 이데는 장군 출신으로 석유풍로의 유면(석유의 표면) 조절기 발명가 겸 기업인이다. 전쟁이 끝난 후, 고향으로 돌아온 유데는 석유풍로 공장을 세웠다. 그러나 당시의 석유풍로는 유면 조절장치가 없는 재래식이어서 불꽃을 높이거나 줄일 수가 없었다. 그러한 불편을 발견한 유데는 스스로 유면 조절기를 만들기로 결심하고, 연구를 시작했다. 연구는 조금도 진전이 없었다. 그러다가 문득 그는 전쟁중 살펴본 대포 발사대에 느슨하게 장착되어

있던 나사를 생각해 내고, 나사의 원리를 이용하여 마침내 훌륭한
석유풍로를 발명하는 데 성공했다.

16. 석유 효모

석유로 만들어지는 단백질을 먹는다면 암에 걸릴까?

한때 석유의 단백질화 반대라는 운동이 벌어진 것도 바로 이
런 염려 때문이었다. 그러나 석유 단백질이란 석유 효모를 말하
며, 석유에 포함되어 있는 단백질은 석유를 원료로 하는 석유화학
제품이 아니다. 석유 성분의 파라핀 탄화수소를 먹어서 영양분으
로 하는 미생물은 여러 가지가 있다. 그 중에서도 석유 효모라고
불리는 효모균은 매우 번식을 잘한다. 그러나 이것은 맥주나 빵의
효모의 무리로서, 균체는 양질의 단백질로 이루어져 있는 것으로
많은 미네랄이나 비타민도 포함하고 있다. 그래서 식용으로 이용
할 것을 생각하게 된 것이다. 현재로서는 돼지의 사료로 이용하
고, 그 돼지를 인간의 식품으로 쓰고 있다. 우리 나라는 생산하지
않고 있지만, 이미 대량생산을 하는 나라도 있다.

17. 설탕연료 로켓

로켓을 발사하는 데는 첨단 기술과 엄청난 연료가 필요하기
때문에 부자 나라가 아니면 엄두도 못낼 일이었다. 특히 로켓에
들어가는 연료는 비싸기 때문에 천문학적인 비용이 들어간다. 하
지만 값싼 설탕으로 로켓을 발사할 수 있는 기술이 개발되어 로켓
제조기술 문제만 해결된다면 어느 나라나 필요한 위성을 발사할
수 있게 되었다. 발명가는 영국의 한 아마추어 로켓 설계사인 스

어떻게 이런 일이……

티브 베넷이다.

스티브 베넷은 제초제와 설탕연료를 섞어서 특수한 연료를 개발, 자신이 만든 로켓의 연료로 사용해서 발사에 성공하여 세계 과학계에 큰 충격을 던져 주었다. 그가 만든 로켓의 모양은 볼품 없었지만 900미터 상공까지 날아갔고, 최고시속이 720킬로미터에 달했다고 하니 설탕연료치고는 획기적인 발명품이다.

18. 성 냥

화학적으로 불을 일으키는 방법은 1680년에야 비로소 발명되었다. 영국의 로버트 보일은 인과 황을 서로 문지르면 불꽃이 일어난다는 놀라운 사실을 발견했다. 그는 이 불꽃이 마찰에 의한 것이 아니라 인과 황의 성질 때문이라고 생각했다. 그의 가설은 정확했다. 보일이 최초로 성냥의 원리를 밝혔던 것이다.

19세기 초 유럽에서는 여러 가지 화학적 발화 장치가 개발되었다. 그 중에는 보일이 사용했던 인과 황, 수소기계를 이용한 것이 있었지만 제작시간이 많이 걸리는데다 모두 위험한 것이었다. 1827년 영국의 약제사인 존 워커는 오늘날 성냥의 원조라고 할 수 있는 1미터 가량의 거대한 막대기를 만들었다. 작은 성냥은 독일에서 최초로 판매되었으나 여전히 위험했고, 1855년 스웨덴의 카를 룬드스트롬이 '안전성냥'을 발명했다.

19. 세 탁 기

주부가 해야 할 집안일 중에서 기계가 도맡아 하는 것이 있다. 밥짓기, 세척, 청소, 빨래 등이다. 이들 가운데 빨래를 하는 세탁기는 좀 특별하다.

　뉴잉글랜드의 신앙공동체인 샤커마을 주민에게 세탁은 일종의 신앙 행위였다. 그들은 신에 대한 존경심을 나타내기 위해 청결을 유지했고, 그 때문에 일주일에 한 번씩 '빨래의 날'을 정해서 지켰다. 이 날은 마을의 축제일과 같았다.

　그런데 동네사람들이 모두 빨래를 하느라 분주할 때, 데이비드 파커는 빨래를 대신해 줄 장치를 생각했다. 그리고 파커 형제는 증기의 힘으로 움직이는 세탁기를 완성했다. 파커 형제는 필라델피아에 있는 지라드 호텔을 방문하여 세탁기계를 쓰도록 권유했는데, 얼마나 성능이 좋았던지 세탁 담당 종업원 14명을 해고했다고 한다. 1876년에는 탈수기가 추가되었다.

20. 셀로판 봉투

　요즘은 봉투에 수신인의 주소나 이름을 쓰지 않아도 투명 셀로판을 통해 우편물이 척척 배달된다. 상업용 우편물이나 우체국의 전보 등이 그것이다.

　이 봉투로 해서 세계 각국의 타이핑인력이 반으로 줄었다. 이 봉투의 발명가는 토마스 캐라한이다. 캐라한은 어느 날, 같은 사무실의 타이피스트가 우편물의 내용물에 수신인의 주소와 이름을 치고, 또 봉투에도 똑같은 내용을 치는 것을 보고 이중적으로 일하는 불합리성을 발견했다. 비생산적인 일의 문제해결을 위해 고심하던 그는 양품점에서 손수건을 사다가 힌트를 얻게 되었다. 손수건 포장에 예쁜 무늬의 구멍을 뚫어 셀로판을 붙여놓아 색깔을 확인할 수 있게 한 포장법이었다. 캐라한은 즉시 집에 돌아와 봉

어떻게 이런 일이……

투의 한 부분을 사각형으로 오려내고, 셀로판을 붙였다. 이것이 세계적인 발명품이 된 것이다.

21. 소금 열 저장장치

따뜻하게 잠을 자려고 보일러를 가동해놓고 잠들면 에너지의 소비가 많고, 그렇다고 잠들기 전에 난방장치를 끄면 열이 금방 식어 고민이었다. 그래서 주기적으로 또는 일정온도 밑으로 내려오면 보일러가 가동되는 장치도 있지만 에너지를 효과적으로 절약하지는 못한다.

그런데 미국의 다우화학사와 이팔코사가 합동으로 소금을 이용한 효과적인 열 저장장치를 만들어 냈다. 소금은 불연성이고, 성질이 쉽게 바뀌지 않으며 다른 어떤 종류의 물질보다 열을 더 많이 저장할 수 있기 때문에 이런 장점을 이용한 것이다. 소금 그 자체를 이용하는 것이 아니라 16종류의 무기염 수화물로 만들어진 새로운 물질이기 때문에 일반적인 소금으로는 높은 효율을 얻을 수 없다. 이 무기염 수화물은 에어컨 장치에도 적용시킨다고 한다.

22. 소다수

요즘은 청량음료가 사시사철 사람들의 기호식품으로 자리잡고 있다. 그 중에서도 맥주나 사이다, 콜라 등에 들어 있는 톡 쏘는 맛이 청량감을 더해주는데 이것이 바로 탄산음료이다. 그러나 가끔 김빠진 사이다를 마시면 미적지근한 맛에 도리어 기분이 상한다. 이런 때 김빠진 사이다에 드라이아이스 조각을 넣고 잠시

기다리면 문제가 해결된다. 고체인 드라이아이스가 기체로 승화하면서 이산화탄소를 충분히 공급하기 때문이다.

이와 같이 음료수에 이산화탄소를 녹이는 방법을 발명함으로써 오늘날처럼 수많은 탄산음료를 마실 수 있게 한 사람, 그는 '영국 화학의 아버지'라고 불리는 조세프 프리스틀리다. 프리스틀리는 23세에 목사가 되어 목회활동을 시작했다. 그러다가 리즈의 밀렌 교회에 시무하던중 마을에 있는 맥주공장에서 발효거품을 보고 연구한 것이다.

23. 소리나는 공

공(ball)에서 소리가 난다면 어떨까?

고무와 가죽에 최신 전자기술을 접목시켜 음악이 흘러나오는 축구공을 만든 사람이 있다. 모루텐사의 민슈 사장이다.

일본 히로시마에 있는 이 회사는 각종 경기용 공 종류를 만들었다. 그런데 선물과 오락용으로 공을 생산할 것을 결심하고 독자적으로 고밀도 집적회로를 개발하여 공 속에 장착하였다. 그리하여 단순히 튕기는 공의 이미지 외에도 하이터치, 하이 패션을 응용한 공을 만들어 냈다. 아프지 않은 도지볼(dodge ball), 밤에도 쓸수 있는 형광도료를 칠한 축구공 같은 것들이다.

민슈사장의 성공비결은 구기용(球技用)볼은 별다른 변화가 없는 것이 당연하지만, 축구공에 색을 칠하자는 사원의 제의를 받아들여 차별화, 색별화로 상품개발에 힘쓴 결과다.

24. 소 총

소총은 대포가 발달한 다음에 만들어졌다. 16세기에 이르러서 대포가 소형화되어 혼자서 들고 다닐 수 있게 개발되었는데, 이것이 소총의 시초이다. 그 무렵에는 화승총을 의미하였다. 이 화승총은 무게가 5.5kg 정도 되는 것에서 27kg 정도 되는 것까지 여러 가지가 있고, 탄환의 지름은 1.8cm 가량이었다.

탄환이 나는 거리는 100m 정도면 발사하는 데 2분 이상이 걸려 무기용보다 사냥 따위에 쓰여졌다. 그래도 프랑스의 샤를 8세는 포병대와 더불어 유럽에서 처음으로 소총의 기병대를 만들어서 상당히 유명해졌다.

이 무렵 이탈리아에서 차륜식 격발장치에 의한 발사법이 발명되었다. 이 외의 몇 가지 발명을 바탕으로 하여 소총은 16~17세기에 급속히 발달하여 18세기에는 대량생산의 단계에서 많은 개량을 거치며 발전되었다.

25. 속 도 계

이제 운전자들은 더 이상 야간에 과속을 못한다. 바로 결함이 없는 완벽한 속도계가 곳곳에서 운전자들을 감시하고 있기 때문이다. 레이더 반사효과를 이용한 이 놀라운 기계는 미국의 존 베이커가 발명했다. 그는 자동신호기 회사에서 신망 있는 젊은 기술자였다. 그는 신호등이 교통량에 따라 자동적으로 바뀌도록 하는 것을 고안하였으나 실험이 실패로 돌아가자 원인을 분석했다. 그리고는 신호 조절기로는 못 쓰더라도 어딘가 쓰일 만한 데가 있을 것이라고 생각하여 연구를 거듭하다가 속도계로 적합하다는 것을 깨달았다. 얼마 후, 거리 곳곳에 전의 속도계가 설치되었다. 그것은 기존 레이더 탐지기에 전파를 실제 속도로 환산하는 속도계가 부착된 것이었다. 이 새로운 기계는 밤낮없이, 어떤 악조건에서도 자동차 속도를 측정해낸다.

26. 쇠 사 슬

쇠사슬도 발명품이다. 언제 생겨났을까?

금속 고리를 이어 맞춘 강력한 쇠사슬은 아득한 옛날부터 쓰이고 있었다. 금이나 은을 이용한 장식용 쇠사슬은 그리스나 로마 시대에도 쓰이고 있었다. 로마 시대의 군함인 갈레이선에는 청동 쇠사슬이 쓰이고, 기원전 2백년 경의 헬레니즘 시대에는 청동 쇠사슬이 양수기에 쓰이고 있었다.

1634년 대장장이 화이트는 철로 된 쇠사슬의 특허를 얻었다. 19세기 초 맨튼은 쇠사슬의 강도를 높이고, 잘 늘어나지 않게 하기 위하여 고리의 중앙부를 핀으로 잇는 아이디어를 고안했다. 1820년 힝글제이는 간단한 해머와 철판을 이용, 최초로 두들겨서 만든 선박용 케이블을 만들었다. 1864년 슬레이터는 구동용 체인을 발명했는데 이것이 현재 자전거나 기타 공업기계에 널리 사용되는 체인의 원형이다.

27. 쇼 핑 백

일본의 마사다 여사는 다섯 명 정도의 직원을 데리고 지갑이나 담배 케이스 등을 만드는 작은 공장을 경영하고 있었다. 당시는 합성수지로 만든 각종 주머니가 시장에 나와 팔리기 시작하던 때였다. 그런데 이것들은 모두 원단이 통과 같은 모양으로 나왔기 때문에 그것을 그대로 잘라 주머니로 만든 것이었다. 그러나 그런 주머니는 손에 들고 다니기가 여간 불편한 것이 아니었다. 마사다는 그런 주머니를 볼 때마다 조금만 변형시키면 훨씬 편해질 것이라고 생각했다. 그래서 생각해낸 것이 통 모양의 주머니를 V자형으로 자른 후, 양쪽 끝을 묶으면 간단한 방법으로 들기 편하게 된다는 것이었다. 마사다의 이 고안이 유명한 하이백이다. 마사다의 하이백이 실용화된 후, 오늘날에는 대개의 슈퍼마켓에서 쇼핑백으로 사용하고 있다.

28. 수레바퀴

회전운동을 이용한 가장 오랜 도구로 방추(물레의 가락), 활송곳, 도르래와 같이 것이 있었다. 고대의 회전기구는 거의가 수직으로 세운 축을 중심 삼아 수평으로 회전하는 것이었다. 바퀴가 달린 수레는 동반구의 옛 시대 몇몇 지방에서 독자적으로 발명되었다. 북시리아에서는 기원전 2천년 경 말로 끄는 전차(싸움 수레)를 사용하고 있었다.

최근에 와서 방사선 탄소를 이용하여 연대 추정을 한 결과 바퀴 달린 수레가 메소포타미아에서 사용되었다는 주장은 힘들다고 알려졌다. 그리고 기원전 3500년 경 코카시아 지방이나 동·중앙 유럽 지방에서 수레바퀴가 사용되고 있었다는 것이 밝혀졌다. 중국에서는 은나라 시대의 말로 끄는 전차가 최초였다. 이집트에서도 마찬가지이다. 그러나 미국에서는 장난감 이외에 바퀴 달린 수레가 없었다.

29. 수막염 백신

아직도 무서운 질병인 수막염은 세계를 위협하고, 어린 아이의 경우 더욱 살인적이다. 수막염은 증상이 갑자기 나타나 빠른 속도로 번진다. 이 질병은 수막과 신경세포를 파괴시키는 미세한 유기체로서 일반적으로 알려진 박테리아에 의하여 발생한다.

1951년 쿠바에서 태어난 휴고는 쿠바 혁명의 딸이다. 휴고는 수막염에 대한 새로운 백신을 발명하기 시작한 1982년부터 수막염의 위협에 대항하여 싸웠다.

그녀는 단지 백신만을 만들어 낸 것이 아니라, 병원균을 계속해서 추적하고 단계별로 관찰했기 때문이다. 휴고는 처음에는 연구그룹을 이끌었고, 후에는 백신생산의 책임자가 되었으며 1989년 8월, 하바나에 설립된 국립백신센터의 소장이 되었다. 그녀의 어머니는 가정주부였으나 과학에 큰 관심을 가져 딸에게 전수했다.

30. 수세식 변기

영국의 북부에서는 지금도 무언가 특별히 잘하는 젊은이를 향해 "그 녀석은 꼭 브라마 같아!"라고 말하는 것을 자주 들을 수 있다고 한다.

바로 그 조 브라마는 가난한 소농의 아들로 태어나 농사일을 돌보았다. 그러다가 16세가 되던 해 점프 경기에서 복사뼈를 다치는 바람에 목수일을 시작하게 되었다. 그러다가 24세 때 런던까지 170마일을 걸어가 직장을 구했다. 당시에는 부유한 사람들조차 멀리 떨어진 화장실을 사용했다. 서민의 가정에는 화장실도 없어서 아래의 통행인에게 큰 소리로 경고한 뒤 변기의 내용물을 버리

어떻게 이런 일이……

곤 했다. 이것을 본 브라마는 실용적인 수세식 변기를 처음으로 설계해 완성시켰다. 그는 그 후로도 수세식 변기를 만들어 판매하여 많은 돈을 벌었다.

31. 수소폭탄

가벼운 원자의 수소나 중수소를 핵융합시켜 헬륨으로 전환하면 원자폭탄보다 1천배의 에너지를 방출하게 된다. 그것을 폭탄에 응용한 것이 수소폭탄이며 지옥폭탄이라고도 부른다. 1954년 미국이 비키니에서 최초로 폭발시킨 것이 그 시초다. 수소폭탄에 보통의 수소는 사용되지 않고, 중수소와 라듐 등이 폭발재료에 사용된다.

수소폭탄이 폭발하면 수 메가톤급 정도의 소형으로도 경기평야 정도는 일순간에 태워 없앨 수 있는 위력을 갖는다. 더욱이 수십 메가톤급이 되면 단 한발로 우리 나라 전체를 파괴시킬 수 있는 인류멸망의 병기가 된다. 수소폭탄이 폭발할 때는 다량의 중성자를 발생시키고, 질소나 지표의 물질을 반영구적으로 방사능화시킨다. 수소폭탄은 얼마든지 크게 할 수 있으나 수송이나 발사에 제한을 받게 된다.

32. 수술 로봇의사

사람을 수술하거나 치료하는 로봇의사가 탄생했다. 영화 로보캅에서는 인간과 로봇이 결합되어 경찰이 하는 일을 대신 하지만 이것은 어디까지나 영화의 줄거리이고, 수술하는 로봇의사는 영화가 아닌 실제 수술용 의사이다.

미국 새크라멘토 서터 종합병원에서 환자의 엉덩이를 인공피부로 교체하는 수술을 했는데, 이 로봇의사가 전체 수술과정 중 환자의 상처를 꿰매는 작업을 훌륭하게 수행했다는 것이다. 수술을 마친 환자는 건강하고 안정된 상태를 보이고 있어 수술은 대성공이라고 평가받고 있다. 로봇 이름은 로보독.

로봇과 닥터의 합성어인 이 로보독의 성능은 초보단계로서 외과 수술의 보조 수단으로 사용되고 있지만 세계 최초의 로봇의사라는 점에서 획기적이고 놀라운 일이 아닐 수 없다. 원격 진료에서 한 단계 발전한 시스템이다.

33. 수술용 거미줄 실

거미줄에 들어 있는 단백질을 이용하여 현재 수술에 쓰이는 봉합실의 역할을 할 수 있는 새로운 수술용 실이 개발중에 있어 색다른 관심이 높아지고 있다.

미국 와이오밍 대학의 분자생물학자인 랜디 루이스 교수는 평소 거미에 대한 애정이 커서 '거미박사'로 통하고 있다. 그가 특히 관심 있어 하는 황금거미에서 새로운 단백질을 발견하고 이 단백질을 이용하면 수술용 실보다 가는 특수 봉합실을 만들 수 있을 것이라는 생각으로 연구에 몰두, 시제품을 만들어 냈다. 특수 거미줄은 강철보다 장력이 강하고, 나일론실보다 탄력이 크며 1차로 만들어 낸 이 특수실도 성능이 대단하여 현재 수술에 쓰이는 봉합실보다 직경이 10분의 1에 불과하면서도 그 강도는 비슷한 것으로 알려졌다. 이 특수실은 봉합실뿐만 아니라 인공 인대로도 적합할 전망이라고 한다.

어떻게 이런 일이……

34. 수정시계

　해시계, 물시계는 열외를 치더라도 시간을 재는 도구, 즉 시
계는 무엇인가 정확한 주기를 지닌 진동을 표준으로 한다. 기둥시
계는 진자가 가지는 일정의 진동주기를 이용하여 바늘을 돌리고,
손목시계는 템포의 진동주기를 이용한다. 이러한 기계적 진동에
서는 약간의 오차를 면할 수 없다. 그래서 전기 진동의 전기시계,
원자 진동의 원자시계 등이 있고, 수정판이 진동하는 주기를 사용
한 것이 수정시계이다.

　수정을 잘라 만든 판자에 고주파 전기를 대면 수정판이 진동
하기 시작한다. 그 진동의 주기와 일치한 고주파를 이용하면 수정
판은 언제까지나 진동을 계속한다. 이것을 전기시계에 이용하면
오차가 경미한 정확한 시계를 만들어 낼 수 있다. 수정시계의 원
리는 광물의 결정에 압력을 주면 전기를 일으키는 현상으로 피에
르 퀴리가 발견한 것이다.

35. 수질오염 방지 자석

　우리 나라는 물론이고, 세계 어느 나라건 폐수로 생기는 수질
오염문제는 보통 골칫거리가 아니다. 그 동안 폐수를 정화하는 방
법은 꾸준히 연구되고, 일부 성공하기도 했으나 폐수 속에 들어
있는 인이라는 물질은 제거가 되지 않았다. 그런데 자석을 이용하
여 인을 제거하고 수질오염을 해결하는 방법이 개발되었다.

　네덜란드의 엔지니어링 회사인 스미트 니메간사에 의해 발명
된 이 방법은 보통의 폐수처리 과정에 거대한 자석만 추가하면 된
다. 박테리아로 폐기물을 처리한 기존의 방법 다음 단계에서 석회

와 특수 철을 섞어주고 난 후, 거대한 자석으로 남아 있는 인을 걸러내는 방법이다. 인과 결합한 이 덩어리에 다시 자철광의 가루와 플리머를 섞어주고 자석이 있는 방으로 들여보내면 오염물질이 제거된다.

36. 스스로 번식 로봇

로봇은 인간이 인위적으로 만들어 낸 것이기 때문에 로봇 스스로 2세를 생산하거나 진화할 능력은 전혀 없다. 만약 로봇이 인간처럼 스스로 자손을 만들어 내고 진화할 수 있다면 세상은 어떻게 될까?

공상과학 영화에서나 있을 법한 황당한 이야기가 실제로 일본 히타치 에너지 연구소에 의하여 개발되었다. 이 연구소의 이치카와 요시아키 연구원이 밝힌 내용은 이러하다.

"로봇의 모양은 지네처럼 생겼고, 우리가 바닥에 블록과 비슷한 부품을 깔아놓자마자 자신의 몸체에 조립시켜서 원래 크기보다 두 배 이상 확대시켰다. 그리고 다른 로봇은 자신의 일부 부속을 떼어내 새로운 로봇을 만들어 내기까지 했다" 4년간의 연구 끝에 발명한 이 로봇은 마이크로칩과, 블록소자를 사용하도록 되어 있어 똑같은 로봇을 만들어 낸다.

37. 스스로 오염가스 제거 석탄

석탄이 탈 때 내뿜는 이산화황가스는 인체에 유독하며 산성비를 뿌리는 원인이 되기도 한다. 그러나 이제 스스로 유독가스를 먹으며 타는 석탄이 개발되어 화력발전소는 물론이고 석탄을 원

어떻게 이런 일이……

료로 쓰는 업체에 희소식이 되고 있다.

미국 애리조나 주의 제너시스 연구소가 개발한 이 석탄은 가스의 배출량을 80%까지 줄일 수 있다고 한다. 석탄은 가루를 만드는 것까지는 일반 석탄의 제조과정과 똑같지만 가루 상태의 석탄에 제너시스 연구소가 개발한 특수화학물질을 섞어 작은 덩어리로 압축해서 만들어지는 점이 일반 석탄과 다른 점이다. 이 새로운 석탄은 탈 때 내부의 화학물질이 유황과 반응하면서 재 속에 오염가스를 가둬두고, 쓰고 남은 석탄재는 비료, 시멘트 재료로 쓰일 수 있다.

38. 스스로 청소하는 자동차 유리

자동차를 타고 다니다 보면 앞 유리에 쌓이는 먼지나 기름 때문에 귀찮다. 워셔액을 뿌려서 닦기도 하지만 그 일 자체도 귀찮기는 마찬가지다.

그런데 이제 스스로 더러운 이물질을 제거해 주는 유리가 개발되어 귀찮은 일을 대신해 주게 되었다. 이 신기한 유리를 발명한 사람은 미국 오스틴에 있는 텍사스 대학의 애덤 헬러박사이다. 그는 이산화티타늄과 태양의 자외선이 만나면 화학작용을 일으키는 현상에 착안하여 이 유리를 개발했다. 카메라 제조회사들도 렌즈에 긁힌 자국이 나는 것을 방지하기 위해서 이산화티타늄으로 코팅을 해왔기 때문에 이 물질의 성질은 이미 잘 알려져 있었다. 하지만 애덤 교수는 한 단계 더 나아가 자동차용 특수 유리로 개발한 것이다. 이 유리는 태양을 만나면 O.K라 한다.

39. 스 크 루

　19세기 초, 증기구동은 배의 추진력에도 적합하다는 것을 알
게 되었다.

　1775년 미국의 벤자민 프랭클린은 노를 젓는식은 비효율적이
라고 생각하여 뱃머리에서 펌프로 물을 빨아들이고, 고물에 이것
을 분출하는 제트방식이 좋다고 제창하였다.

　1837년 영국의 프란시스 페티 스미스경이 스크루를 처음으로
추진식 증기선에 실험했다. 페티 스미스의 프로펠러는 목재였으
므로, 실험중 프로펠러의 절반이 망가지고 말았으나 도리어 스피
드가 늘어나 사람들은 깜짝 놀랐다. 이에 용기를 얻은 그는 1838
년 미르월에서 엔진구동 스크루 추진식 마스트(돛대)의 스쿠너,
아르키메데스 호를 건조해 진수시켰다. 이 무렵 영국의 조선가 보
르넬도 그레이트 브리텐호의 거대한 노를 제거하고 큰 프로펠러
로 바꾸는 데 성공했다.

40. 스 테 레 오

　같은 음악이라도 스테레오로 들으면 훨씬 실감이 나고, 감동
적이다. 이것은 언제부터 사용되었을까? 1887년 독일의 아델은
'극장용 개량 전화' 장치로 특허를 취득했다. 이것은 극장 무대의
양측에 놓은 두 개가 한쌍인 마이크를 청취자가 귀에 끼고 있는
두 개의 수화기와 직접 연결한 것이다. 이 발명으로 파리 오페라
극장에서 상연중인 연극을 방송했고, 이것이 대성공하여 스테레
오 음향이 데뷔한 셈이다. 그무렵 프러시아 황태자의 궁전에서 오
네조르게가 아델과 똑같은 장치로 실험하고 있었다.

어떻게 이런 일이……

개발 초기의 단계에서는 스테레오를 전화 통신과 결합하여 생각하였고, 하베이 플레처 등의 지도하에 벨 전화연구소가 1930년대 초 발전을 이룩한 원동력이 되었다. 1933년 필라델피아의 콘서트가 전화선을 통해 스테레오로 송신되었다.

41. 스테인리스

스테인리스 강철은 어떤 악조건에서도 녹이 슬지 않기 때문에 특수강철로 내식성을 필요로 하는 곳에 많이 쓰이고 있다. 발명가는 영국의 해리 브리얼리.

1912년 브리얼리는 영국 세필드에 있는 어느 제강회사 연구원으로 일하고 있었다. 그런데 어느 날, 그는 공장 뜰 한 구석에 쌓여 있는 쇳조각과 작은 부스러기 더미에서 햇빛에 반사되어 반짝거리는 것을 발견하고 주워들었다. 그것은 얼마 전에 철과 크롬을 합금하여 실험하다가 소용없는 것이라고 하여 버렸던 물건이었다. 그는 손에 든 쇳조각이 전혀 녹슬지 않은 것을 보고 성분을 분석해 보았다. 그리고 실험용으로 재차 만든 이 합금은 비를 맞아도 녹이 슬지 않았다. 문제는 기존의 강철처럼 담금질이 안 되고, 쉽게 날아갈 수 없었으나, 이런 단점을 보완하여 새로운 강철을 발명해냈다.

42. 스트렙토마이신

결핵, 이질, 설사 등의 치료약으로 널리 사용되는 스트렙토마이신은 왁스만이 흙 속의 미생물에서 찾아냈다. 왁스만의 연구실은 미국 뉴저지 주의 농사시험장으로 그의 연구는 배양균에서

자라는 티푸스균 등 각종 세균에다 흙용액을 섞어 관찰하는 일이
었다. 그러던 어느 날, 왁스만은 세균이 모두 죽어버린 배양균을
발견했다. 그리고는 흙 속의 미생물과 세균에 관한 연구에 깊이
빠져들었다.

그로부터 4년 후, 왁스만은 미생물에 대하여 집중적으로 연
구한 결과 '스트렙토마이세스 글리세우스'라는 미생물을 자라게
한 액을 개발해냈다. 이 액이 페니실린으로도 어쩌지 못하던 세균
을 죽였던 것이다. 이 놀라운 약효에 왁스만과 연구실의 모든 연
구원들은 깜짝 놀랐다. 1944년의 일이다.

43. 스펀지 고무

산업용 고무 제조법 발명으로 유명한 굿이어는 스펀지 고무
의 발명가이기도 하다. 그는 고무에 관한 한 세계적인 발명가이
다. 세계적인 타이어 메이커인 굿이어타이어도 그의 이름에서 비
롯되었다.

굿이어는 모자, 옷, 신발, 장갑 등을 모두 고무로 만들어 입
고 다녀 미친 사람으로 취급받기도 했다. 어느 날, 점심식사 시간
에 그의 아내가 가져온 빵은 그 동안 먹어온 빵과는 전혀 달랐다.
즉, 딱딱하던 것이 부드러워졌고 크기도 훨씬 부풀어져 있었다.
어떻게 만든 것이냐고 묻는 그의 말에 베이킹파우더를 넣었다는
아내의 대답에서 힌트를 얻은 굿이어는 순간적으로 부드럽게 부
풀어오르는 고무, 즉 스펀지 고무를 생각해낸 것이다. 그는 발포
제를 고무액 속에 넣어 보았다. 성공이었다.

어떻게 이런 일이……

44. 시 계

2천여 년 전, 제분기를 움직이는 데 톱니바퀴를 이용하거나 추를 쓰는 방법이 이용되고 있었다. 추를 달아 로프를 당기면 추에 가속도가 붙어서 낙하함에 따라 속도가 빨라지는 것이 원리였다. 그러다가 10세기 경 프랑스의 제르베르가 탈진기를 발명했다. 이 탈진기가 발명되고부터 사람들은 추를 이용한 기계시계를 생각하게 되었다. 물시계나 모래시계만 나와 있던 때였다. 그래서 물시계에 톱니바퀴를 장치하여 시간마다 종을 울리는 시계탑이 영국의 피터벨로우 사원에 등장했다. 그러다가 1348년 영국의 도버성에 바늘이 한개 있는 큰 시계가 걸렸다.

14세기부터 모양이 대체로 일정한 시계가 등장했고, 프랑스의 왕 샤를 5세가 파리의 탑에 시계를 만들 것을 생각하여, 독일의 앙리 드 비크가 한동안 표준형이 된 시계탑을 만들었다.

45. 시 멘 트

1755년 영국인 청년 토목기사 존 스미튼이 에디스턴 로크라는 섬에 등대를 재건하기 위해 찾아들었다. 에디스턴 로크는 1699년에 세계 최초로 등대가 세워진 곳이다. 그러나 이 등대는 목조였기 때문에 오래 가지 못하고, 화재로 타버렸다.

스미튼은 정부로부터 등대의 재건 임무를 맡고 고민에 빠졌다. 종전과 같은 목조로는 튼튼한 등대를 만들 수가 없기 때문이었다. 고민하던 그는 시멘트를 사용해보기로 하고, 시멘트의 원료인 흰 석회석을 주문했다. 그러나 기다리던 시멘트 재료는 엉뚱하게도 검은색 석회석이었다. 그는 테스트를 겸하여 두 종류의 석회석을 실험하였다. 그 결과 검은 석회석으로 만든 시멘트가 훨씬 단단하게 굳어진다는 것을 알아내고, 이 새로운 시멘트를 사용하여 튼튼한 등대를 만드는 데 성공했다.

46. 신체장애자 언어

캐나다에서 태어난 소녀 라첼은 여섯살 때 놀이를 하다 떠오른 첫 아이디어를 어느 경시대회에 제출하고, 여덟살 때 천문과 혹성에 흥미를 갖게 되었다. 11살 때는 컴퓨터에 기초한 신체장애자를 위한 언어를 생각해냈다.

그녀의 가족 중에 신체장애자는 없었지만, 그들이 겪는 괴로움은 항상 라첼을 괴롭혀왔다고 한다. 그래서 라첼은 값싼 컴퓨터에 특별한 키보드를 설치하여 적절한 영어단어가 스크린이나 출력정보지시 테이프에 나타나도록 만들었다. 뿐만 아니라 라첼은 영어에서 프랑스어에까지 이 컴퓨터 시스템을 적용시켰다. 라첼은 항상 자기보다 불행한 사람들, 즉 외로운 사람들을 방문하고 젊은 학생들에게도 기꺼이 도움을 줬다고 한다. 그녀의 이러한 관심이 발명을 하게 했다.

47. 실 내 화

실내화는 할머니의 손자사랑이 낳은 발명품이다. 60대 초반의 할머니 마츠이 여사는 어느 추운 겨울날, 아들 내외가 외출하자 두 살난 손자와 큰집을 지키고 있었다. 이제 막 걸음마를 배운 손자는 온 집안을 돌아다니다가, 양말 신은 발이 미끄러워 금방 넘어질 듯했다. 그래서 양말을 벗겼더니 발이 시린 듯 발가락을

어떻게 이런 일이……

움츠렸다.

　그래서 마츠이 여사는 복도에서 미끄러지지 않는 양말을 생각해 내고, 손자의 양말 바닥에 고무를 둥글게 잘라 붙여 보았다. 미끄러지지도 않을 뿐 아니라 여간 따뜻한 것이 아니었다. 마츠이 여사는 손자가 즐겁게 노는 것을 보고 아들 내외에게도 만들어 주었다. 양말 위 부분을 잘라내 쉽게 신고 벗을 수 있음을 안 아들은 곧 특허를 냈다. 곧 실내화는 날개 돋친 듯 팔려 나갔다.

48. 실리콘

　실리콘은 수정 등 암석의 주성분 원소인 규소로, 규소수지라고 일컫는다. 즉 유기물이면서도 분자 속에는 무기물에 가까운 규소가 들어 있는 것으로서, 인간이 발명한 우수한 화합물로 플라스틱의 일종이다.

　대개의 플라스틱, 고무, 도료, 기름 등은 모두 다 탄소와 수소의 화합물이며 그 탄소의 일부를 규소로 바꾸어 넣은 것이 실리콘이다. 따라서 그 종류에도 여러 가지가 있다. 대체로 물이나 열에 강하고, 또 화학적으로도 튼튼하다. 상당히 많은 부분에 사용되고 있는데, 안경이나 자동차의 프런트, 유리의 흐려짐 방지, 우산이나 레인코트의 방수재, 도료에 이용하면 내화도료가 되고, 그리스나 윤활유를 만들면 열에 강하고도 안전한 윤활제로 된다. 콘크리트에 발라서 방수벽이나 기둥을 만드는 데 이용한다.

49. 실리퍼티

　연구실에서 천대받던 실패작이 하루 아침에 황금알을 낳는 거위로 탈바꿈한 발명이 있다. 그것은 바로 실리퍼티 완구다.

미국 제너럴일렉트릭사의 연구팀에게 탄성고무를 대체할 값싼 재료를 개발하라는 업무가 주어졌다. 당시 탄성고무는 지프와 항공기의 타이어, 가스마스크 등 중요 군수용품에 사용되고 있었는데 가격이 너무 비싸 문제가 되었다. 그 결과 라이트는 붕산과 규소의 화합물질인 실리퍼티를 만들어냈다. 이 물질은 액체처럼 흘러내리는 성질을 지녔으며, 탄력성이 매우 뛰어나서 공 모양일 때는 높이 튀어 올랐다. 그러나 처음에는 실용화에 실패하여 아무도 눈여겨보지 않았던 것을 피터 허드슨이 완구로 개발, 엄청난 재산을 모으게 되었다. 그로부터 몇 년 후, 과학자들은 실리퍼티에서 환상의 물질 실리콘을 뽑아냈다.

50. 심장마비 치료 흡혈박쥐

컴컴한 동굴 속에 거꾸로 매달려 음산한 소리를 내는 흡혈박쥐. 이 박쥐를 이용하여 심장마비 환자의 생명을 구할 수 있는 방법이 개발되었다고 한다. 현재 미국의 제약회사인 메르크사 연구소의 과학자들이 발명의 주인공들이다.

박쥐에 물리면 쉽게 피가 멈추지 않는데 이것은 박쥐의 침 때문이다. 이 침에서 추출해낸 물질이 현재 심장마비의 치료제보다 2배나 빠른 속도로 막힌 동맥을 열어줄 수 있다는 것이다. 침의 여러 성분 중에서 필요한 단백질만을 이용하는 방법으로, 직접 침을 흘리는 박쥐에게서 이런 단백질을 모으는 것이 아니라 단백질의 유전부호를 배양세포 속에 넣어서 응혈을 막는 약을 생산하는 방법이다. 그렇기 때문에 박쥐의 단백질이 역반응을 일으킬 염려

어떻게 이런 일이……

도 없다.

51. 심전도 검사기

　심장박동의 규칙성은 심장근육에 흐르는 전기적인 변화에 의해 유지된다. 이 전기적 변화를 감지할 수 있다면 심장기능의 이상을 찾아낼 수 있을지도 모른다. 즉 미량의 전기적 변화도 감지할 수 있고, 정밀한 기계를 만들 수 있다면 피부에 전극을 대고 이 변화를 포착할 수 있을 것이다.

　이런 기계는 네덜란드 생리학자 w. 아인트호벤에 의해 1903년 처음 제작되었다. 아인트호벤은 미세한 석영 섬유가 전기를 전달할 수 있도록 은을 덮어 씌웠다. 작은 전기적 변화도 석영섬유의 흔들림으로 관찰할 수 있다. 섬유가 움직이면 펜에 그 움직임이 불규칙한 선으로 전해져 종이그래프에 기록된다. 이것을 심전도라 하는데 이 말은 '심장의 전기를 적은 기록'이라는 의미이다. 이런 장치는 거듭 개량되어 뇌파도를 쉽게 조사할 수 있게 되었다.

52. 십자나사못

　십(+)자 나사못과 십자 드라이버도 세계적인 발명품인 동시에 필립사를 출범시키는 원동력이 되었다. 발명가는 라디오 수리를 하던 미국의 필립이라는 소년이다. 그는 아버지가 병환으로 세상을 떠나자, 중학교를 중퇴하고 라디오 견습공으로 취직했다. 1년이 지나자 수리공이 되었는데 어느 날 큰 문제가 발생했다. 고장난 라디오의 일(-)자 나사못을 빼내야 수리를 할 수 있는데 일자 홈이 완전히 닳아서 드라이버의 날을 댈 수조차 없었다. 필립은 할 수 없이 망가진 일자 홈을 무시하고, 그 자리에 십자 홈을 파기로 했다.

한 쪽(-)이 망가지면 다른 한 쪽(ㅣ)을 사용한다는 생각에서 이었다. 그러다가 십자로 파놓은 홈이 일자보다 잘 망가지지 않는 다는 사실과, 홈에 미치는 드라이버의 힘이 십(+)일 때 배가되어 편리하다는 것을 발견하고 특허에 출원했다.

53. 쐐기

여섯 가지 기본적 기계 요소 중의 하나인 쐐기는 경사면의 변형이다. 쐐기는 예리한 끝을 다른 물건에 끼워 두 조각으로 갈라 놓을 수 있도록 양쪽에 경사면을 가진다. 최초의 쐐기형 도구는 돌칼이다. 그리고 가장 초보적인 형태로는 나무를 쪼개는 데 사용된 쐐기라고 할 수 있다. 도끼와 끌은 이 원리를 바탕으로 약간 변형된 형태이다. 삽도 일종의 쐐기라고 할 수 있으며 못 또한 쐐기의 원리를 바탕으로 한 것이다.

도로 공사장에 가보면 차들이 공사 구간을 피해서 양쪽으로 다니도록 교통분류기를 설치해 놓은 것을 볼 수 있다. 삽이 자갈이나 흙 등의 덩어리를 갈라놓는 것처럼 이 교통 분류기도 차량의 흐름을 분산시키는 것이다. 따라서 교통 분류기도 쐐기의 한 형태로 볼 수 있으며, 쐐기의 발명은 기원전이다.

어떻게 이런 일이……

1. 아라비아 숫자

사람은 교역을 하기 위해 수를 센다. 물건을 사고, 값을 계산하고, 분배하고, 합계를 내기 위해 숫자를 사용한다. 오늘날 우리가 아라비아숫자로 부르고 있는 숫자는 언제 만들어졌을까? 분명하지는 않으나 최초로 쓰인 것은 2500년 전의 인도라고 알려져 있다.

기원전 3세기에 세워졌던 아쇼카왕 시대의 비문에서 1, 4, 6의 기호를 볼 수 있고, 100년 후의 나나 가크의 기념비에는 2, 4, 6, 7, 9가 새겨져 있음을 볼 수 있다. 2세기, 즉 라지크 동굴의 시대에는 8이외의 모든 아라비아 숫자가 기록되고 있다. 0은 마야인 사이에서 쓰였던 것으로 힌두교인의 경우, 점 또는 작은 동그라미로 나타내고 사용하기 시작했다. 아라비아 숫자를 적은 유럽의 가장 오래된 문서는 스페인에서 발견된 976년의 것이다. 오늘날 아라비아숫자와 10진법의 체계는 인류의 가장 보편적 언어이다.

2. 아세톤

온갖 색상의 화려함으로 여성들의 손톱을 장식하는 매니큐어. 이 매니큐어를 지울 때 쓰는 아세톤은 유대인이었던 카임 바이츠만 교수가 발명했다.

이 아세톤은 이스라엘의 독립에 큰 역할을 했을 뿐만 아니라,

바이츠만이 이스라엘의 초대 대통령이 되게 한 발명품이기도 하다. 아세톤은 여러 가지 물질을 녹이는 액체로 쓰인다. 특히 소총의 탄환이나 폭약을 만들 때 없어서는 안 될 물질이다. 1914년 전쟁중 바이츠만은 인조고무를 만들기 위한 세균을 찾다가 설탕을 아세톤으로 변화시키는 박테리아를 발견하고 아세톤의 제조방법을 연구하기 시작했다. 전쟁이 온 유럽으로 확산되자 폭약제조용 아세톤이 많이 필요하게 되었고, 영국은 미국 등지에 대규모 공장을 세워 아세톤을 생산했다. 그 중 바이츠만과 벨푸어와의 만남이 독립에 작용했다.

3. 아스피린

오늘날 지구에서 아스피린을 모르는 사람이 거의 없을 정도로 해열제의 대명사가 된 이 약품은 순간의 착상으로 탄생한 발명품에 불과하다. 발명가는 화학자였던 칼 도이스베르고였다. 칼은 1883년 가을, 바이엘 에르버펠드라는 물감회사를 설립했다.

그런데 어느 날, 신문에서 안티피린이라는 해열제가 발명되었다는 기사를 읽게 되었다. '실수로 탄생한 약품, 해열제 안티피린' 호기심이 동한 그는 기사에서 말하는 안티피린 원료와 자신의 공장 뜰에 쌓인 폐기물 성분이 매우 흡사하다는 것을 깨달았다. 칼은 폐기물이 귀한 원료가 될지도 모른다는 생각에 연구를 시작했다. 그리고 마침내 오랜 노력의 결과로 인티피린보다 성능이 뛰어난 해열제를 만들어 내게 되었다. 완성된 약품은 페나세틴이나 아스피린이라는 이름으로 팔려 나갔다.

어떻게 이런 일이……

4. 아이스크림

　요즘 더운 여름이건 추운 겨울이건 가릴 것 없이 아이스크림은 어린이에서 어른들까지 좋아하는 기호식품으로 애용되고 있다. 이것은 언제 발명했을까?

　이집트의 파라오는 두 겹으로 된 은제 술잔 안에 눈을 담아 과즙을 식혀서 손님에게 대접했다. 알렉산더 대왕은 기원전 4세기에 페르시아를 정복하면서 이것을 알게 되었다. 중국에서는 기원전 250년 경 음식물을 차게 하기 위해 얼음을 이용하고 있었다. 네로가 통치할 때 눈에 섞은 과육이 저절로 얼게 된다는 현상을 우연히 발견했다.

　아이스크림은 1300년 초, 토스카나의 베르날드 본탈렌티가 독자적으로 만들었다고 하지만 마르코 폴로가 1895년에 중국에서 베네치아로 그 제조법을 가져왔던 것으로 추측되고 있다. 영국의 찰스 2세는 유럽에 망명하고 있을 때 아이스크림의 맛을 익혔다고.

5. 아이스크림 제조기

　기존 발명품의 용도를 바꿔 훌륭한 발명을 한 것이 아이스크림 제조기이다.

　소재회사로 산업용 제품만 생산하던 '일본경금속주식회사'는 '칠퍼스트'라는 냉축제의 용도를 바꿔 '돈비에'라는 아이스크림 제조기를 만들어 이 분야의 세계시장을 석권했다. 발명가는 이 회사의 상품개발부장인 우에사카.

　우에사카는 1980년 경 칠퍼스트의 또 다른 용도를 연구하고 있었다. 그러던 어느 날, 옆에서 우유팩을 뜯던 아들이 칠퍼스트에 우유를 떨어뜨리자 금방 얼버붙는 것을 발견했다. 우에사카는 탄성을 지르며 아이스크림 제조기를 만들 것을 결심하였다. 그는 서둘러 칠퍼스트 둥근 캔을 이중으로 만들어 아이스크림 재료를 담아 보았다. 조금 후 아이스크림이 만들어졌다. 발명품이 생산되자, 금새 130만개가 팔려나갔고, 세계적인 히트상품이 되었다.

6. 안 경

확대경으로 쓰이거나 불을 붙이는 데 쓰이는 유리렌즈는 기원전 300년 경부터였다. 그러나 시력을 보정하기 위한 안경은 1280년 이탈리아의 플로렌스에서 도미니크 수사 알렉산드로 델라 스피나와 그 친구인 물리학자 살비노 데질르 알망티에 의해 발명되었다.

근시를 교정하기 위해 오목렌즈를 사용하기 시작한 것은 14세기 초. 1517년 라파엘이 그린 그림에서는 교황 레오 10세가 안경을 끼고 있다. 현재 우리가 알고 있는 형태의 태안경은 1746년 프랑스의 광학회사 토민에 의해서 소개되었다.

원시와 근시를 모두 교정하기 위해 만든 원근 양용 안경은 1769년 미국의 정치가이자 발명가인 벤자민 프랭클린이 발명하였다. 렌즈의 세기를 나타내는 데는 곡광도를 쓰며, 약호인 D로 나타낸다.

7. 안 전 등

1800년 경 탄광의 광부들은 램프도 없이 어두운 갱 속에서 작업을 했다. 그 이유는 갱 속에 가득 차 있는 가스로 인하여 불을

어떻게 이런 일이……

붙이다가 폭발사고가 일어나 죽는 사고가 빈번했기 때문이다. 그
래서 광산에서 일하는 사람들이 모여 의논을 했다.

불을 켜면 끔찍한 참사가 일어나고, 어두운 데서 작업을 하자
니 능률이 오르지 않을 뿐더러 위험했기 때문이다. 의논 결과 그
들은 최고의 과학자들이 모인 영국왕립학회를 찾아가 위험한 인
화성 가스가 가득한 갱내에서도 안전하게 불을 켤 수 있는 등을
만들어 달라고 부탁했다. 데비는 많은 연구와 실험 끝에 알코올램
프의 뜨거운 불꽃이 철망 위로는 조금도 올라오지 않는다는 사실
에 힌트를 얻어 탄광용 등을 제작했다. 이렇게 만들어진 것이 '안
전등'이며 이 발명은 광부들의 많은 생명을 지켰다.

8. 안전유리

질 좋은 유리는 보석처럼 아름답고, 뛰어난 유리세공품 중에
는 비싼 예술작품도 있다. 천의 얼굴을 가진 유리는 어떻게 만들
어지기 시작했을까?

유리는 우연한 기회에 페니키아인들에 의해 발견되어 그들의
뛰어난 손재주로 많은 발전을 해왔다. 20세기에 들어서면서 더욱
빠른 발전을 거듭했는데, 프랑스의 과학자 에두아르 베네딕투스
는 우연히 자동차 사고를 목격하게 되었다. 자동차의 유리가 산산
조각이 나면서 안에 있던 여인이 크게 다치자 베네딕투스는 셀룰
로이드에 관한 실험을 생각하고, 깨지지 않는 유리를 연구했으나
실패했다. 그리고 15년이 흐른 어느 날, 고양이가 그의 실험실에
서 플라스크를 땅에 떨어뜨렸는데 깨진 플라스크가 풀로 붙여놓
은 것처럼 금만 가 있었던 것. 그 후 베네딕투스는 유리판 사이에

셀룰로이드 막을 넣어 안전유리를 발명했다.

9. 안 전 핀

우리에게는 '안전핀'이라는 이름보다 '옷핀'으로 더 알려진 이 안전핀은 현재까지도 다양하게 쓰이고 있다. 이 안전핀은 미국의 한트가 발명했다.

1840년 12월, 청년 한트와 처녀 헤스터는 깊이 사랑하는 사이로 어느 날, 용기를 낸 한트는 헤스터의 아버지를 찾아가 결혼을 허락해 달라고 간청했다. 그러나 헤스터의 아버지는 결혼을 반대했다. 그러다가 열흘 안에 1천 달러를 벌어오면 결혼을 승낙하겠다는 제의를 했다. 1천 달러는 당시 큰 집 한 채 값으로, 어떻게 그 돈을 벌까 고민하던 한트는 '안전한 핀'을 발명하기로 결심했다. 당시 미국인들은 부활절 등 큰 행사 때마다 바늘 모양의 핀으로 리본을 꽂았는데 위험하고, 불편했다. 결국 한트는 안전핀을 만들어 특허를 출원하고, 리본가게에 가서 1천 달러에 팔았다. 물론 결혼에도 골인했다.

10. 암 호

첩보영화나 전쟁영화를 보면 적에게 붙들렸을 경우, 아군의 비밀을 지키기 위해 끝까지 말하지 않는 정보가 있다. 암호나 그에 대한 해독법이다. 이 암호는 어떻게 누가 발명했을까? 기원 1세기 경 그리스의 플루타르크가 쓴 「영웅전」에 스파르타의 암호에 관한 내용이 나와 있다. 이 암호는 시타아르라고 하며, 비밀통신을 하는 사람은 모두 굵기가 같은 막대를 하나씩 가지고 있어,

이 막대로 암호문을 해독했다.

로마 시대 유명한 케사르는 자기의 군대를 위해 단식환자법 (單式煥子法)이라는 암호를 썼다. 특히 16세기에는 이탈리아에서 암호가 발달했다. 1563년 이탈리아의 폴타는 암호를 작성하는 방법과 해독 방법을 적어 책으로 썼고, 1588년 아르마디가 암호를 위한 설명서를 썼다.

11. 압력증기 요리기

요즘 각 가정에는 재래식 솥 대신 압력솥이 거의 다 자리를 잡고 있다. 압력솥은 제2차 세계대전 후 시간과 연료의 절약을 위해 만들어진 것으로 도니 파팽이 발명한 증기찜통의 개량형이다.

파팽은 프랑스에서 태어나 영국으로 가서 로버트 보일의 조수가 되었다. 그 덕분에 런던의 왕립학회인 자연과학회에 자주 드나들며 과학지식을 접하게 되었다. 이때부터 그는 증기에 대한 관심을 가지게 되었으며, 증기의 대단한 힘을 이용하여 음식물을 요리하는 방법을 연구하기로 결심하였다. 그러나 연구도중 문제가 발생했다. 압력 찜통의 효력은 월등했으나, 뚜껑을 열 때 높은 압력을 받던 고온의 증기가 갑자기 새어나와 위험했던 것이다. 파팽은 곧 뚜껑의 안전장치에 대한 연구와 실험을 거쳐 압력찜통의 안전장치를 발명하는 데 성공했다.

12. 애완동물용 식용수저

애완동물용 식용수저가 여섯 살의 미국 소녀 수잔나(애칭 수지)에 의하여 발명되었다. 수지가 이것을 발명하게 된 데는 이유가 있었다. 수지는 어느 날, 아기 고양이들에게 먹이를 주는 데 쓴 더러워진 수저를 씻으라는 엄마의 말씀에 고양이들이 먹을 수 있는 수저를 고안하기로 했다. 소녀는 수저를 닦지 않아 잔소리를 듣는 일에 지쳐있었던 것이다.

그래서 수지는 캔에서 먹이를 떼낸 뒤, 접시에 먹이와 같이 놓으면 잘 부서지는 식용수저를 발명하였다. 재료는 유아용 과자 재료를 사용하였고. 애완동물의 입에서 나는 불쾌한 냄새와 제조할 때의 효소냄새제거, 벼룩으로부터 보호를 위해 숯을 첨가했다. 그리고 식욕을 돋우고 기생충 서식을 막기 위해 마늘을 사용했다. 이것들을 모두 혼합해 뼈다귀 모양을 만들어 구운 것으로 뛰어난 발명품이다.

13. 어둠 속에서 읽고 쓰는 받침대

미국 오하이오 주의 소녀 베키 슈뢰더는 사람들이 어둠 속에서도 읽고 쓸 수 있는 형광 공책 받침대를 발명했다. 이 고안은 종이 아래 얇은 발광판을 놓은 것이다.

항상 공부에 열심인 베키는 어머니가 슈퍼 안에서 쇼핑을 하는 동안 주차장의 차 안에서 숙제를 하고 있었다. 저녁무렵이라 주차장은 점점 어두워졌고, 베키는 '어둠 속에서도 글을 쓸 수 있다면 얼마나 좋을까' 하고 생각했다. 소녀는 곧 형광성의 장난감에 대하여 생각했고, 그 아이디어를 갖고 집에 돌아왔다. 다음 날, 베키는 형광 페인트를 사서 도화지에 칠한 다음 욕실에 가서 불을 꺼보았다. 도화지는 어둠 속에서 빛을 냈고, 그 위에 공책을 놓고 글을 쓰자 무엇을 쓰는지 알 수 있었다. 이 발명품은 밤에

어떻게 이런 일이……

희미한 불빛 아래서 글을 쓰는 영화평론가, 의사 등에 유용하다.

14. 얼굴 감식방법

지구촌 어디에도 얼굴모습이나 지문이 같은 사람은 없다. 쌍둥이 같이 똑같은 모습도 조금만 세밀히 보면 다른 곳을 쉽게 찾아낼 수 있다고 한다. 이 때문에 특정인을 찾아낼 때 가장 과학적인 방법인 지문감식을 이용하지만, 감쪽같이 신분증을 위조하는 범죄는 여전히 증가하고 있어 어려움이 많다. 그러나 여기에 쐐기를 박는 발명품이 등장했다. 바로 '얼굴감식방법'. 미국 뉴욕의 기술자 피터 탈이 발명가이다.

피터는 간단한 수학방식에서 힌트를 얻어 이 발명을 하게 되었다. 이 수학방식의 원리는 영상프로세서가 얼굴을 흑백사진으로 찍은 뒤 사진을 디지털 부호로 옮기는 것에서부터 시작된다. 즉 코밑과 입술 중앙, 입술 주위의 특징만도 100가지 이상이 있는데, 이 특징들을 50개 정도의 정보로 압축, 숫자로 만들어 자기테이프에 입력한다.

15. 얼굴 상처 없애는 화장품

1945년 8월 히로시마에 투하된 원자폭탄의 여파로 전 일본인들은 공포와 고통에 휩싸였다. 이때 죽은 사람들 명단에 35세였던 후미코의 남편도 포함되어 있었다. 후미코에게 그 충격은 너무나 컸다. 게다가 그녀의 얼굴에 난 보기 흉할 정도의 상처는 피부과 전문의가 치료를 포기할 정도로 더욱 악화되었다.

그러나 후미코는 자신의 추함과 패배를 인정하지 않고 문제의 근본과 그 해결방법을 스스로 찾기로 결심했다. 후미코는 의약과 화학세계에 대하여 맨 밑바닥에서부터 공부하고, 자신의 얼굴에 다른 로션을 사용하며 상처를 없애기 위한 노력과 연구를 계속했다. 그리고 2년 후, 그녀의 발명이 성공했을 때 산쇼라는 화장품 회사를 설립했다. 그녀의 발명품은 '프로메'라는 상표의 의학적 화장품으로 팔리게 되었다.

16. 얼음 톱

마치다 세시로는 일본 우라와시의 작은 제빙공장 사장의 아들로 태어났다. 그는 청년시절을 밤낮 노는 일에만 열중하느라 다 보내고, 28세가 되어서야 정신을 차려 아버지의 일을 돕기 시작했다. 여름이 되면서 얼음 공장은 눈코 뜰 새 없이 바쁘게 돌아갔다. 일손이 모자라 마치다도 톱으로 얼음을 잘랐다. 그러다가 기계문명시대에 걸맞지 않게 톱으로 일일이 얼음을 자르는 원시적인 방법을 개선하기로 결심했다. 그로부터 매일 제재소를 견학하고, 그 원리를 토대로 얼음을 자르는 기계톱을 연구하기 시작했다.

그리고 1년 후, 드디어 마치다는 나무를 자르는 톱의 원리를 응용한 얼음용 톱을 발명했다. 원리는 제재소 톱과 비슷하고 단지 톱날만을 쉬 녹슬지 않는 특수강철로 바꾸었다. 그러나 그 효과는 너무나 놀라웠다.

17. 에너지절약 첨단 페인트

두꺼운 이중벽, 끊임없이 소모되는 보일러용 연료, 에어컨 사용으로 늘어나는 전력량. 이것들은 주택이나 사무실에서 난방

어떻게 이런 일이……

과 냉방을 위한 장치와 연료들이다. 이렇듯 엄청나게 소모되는 에너지를 절약할 수 있는 방법은 없을까라는 질문에 자신 있게 대답하도록 만들어 주는 페인트가 발명되었다.

미국 태양열공사가 개발한 첨단 페인트가 바로 그것인데, 이 실리콘계의 첨단 페인트는 열을 반사하는 능력이 대단하기 때문에 앞으로 여러 가지 용도로 쓰일 것으로 보인다. 과학자들은 이 페인트를 지붕과 방 내부의 천장에 칠하여 손실되는 열에너지의 양을 측정하는 실험을 했다. 그 결과 여름에는 75~78%의 열을 막을 수 있었고, 겨울에는 난방비를 많이 줄일 수 있었다. 이 첨단 페인트는 비행기, 자동차 등에도 쓰일 전망이다.

18. 에어 브레이크

세계 100대 기업의 하나로 손꼽히는 웨스팅하우스전기회사는 에어(공기)브레이크의 발명으로 이루어졌다해도 과언이 아니다. 조지 웨스팅하우스의 에어 브레이크 발명은 제동장치의 혁신으로 기차나 트레일러 등에 사용되어, 사고로 인한 대형참사를 줄이는 데 큰 몫을 해왔다. 미국 펜실베니아 주에 사는 젊은 기술자 웨스팅하우스는 너무나 끔찍한 기차 충돌사고를 목격했다. 사고의 원인이 브레이크가 약했기 때문이라는 것을 알게 되자, 그는 이 사고가 마치 자신의 책임인 양 생각되어 강력한 브레이크 연구에 몰두했다.

그렇게 1년이 지난 어느 날, 압축공기의 힘을 이용하여 알프스산맥에 터널을 뚫었다는 신문기사에서 힌트를 얻었다. 발명의 실마리가 풀린 것이다. 그리고 한 달 후, 에어 브레이크가 발명되었다.

19. 엑스 선 촬영기

엑스선을 처음으로 발견한 사람은 독일의 뢴트겐이다. 엑스선은 그 후, 여러 방면에서 활용되었으며 특히 현대 의학에서 없어서는 안 될 만큼 중요한 부분을 차지하게 되었다. 이렇듯 엑스선이 의학에 미치는 영향력이 커지면서 과학자들은 엑스선의 촬영기술을 꾸준히 개발해왔다. 특히 촬영 사진의 선명도를 높이는 작업이 가장 핵심을 이루었다.

이 작업에서 가장 중요한 것은 촬영 때에 산란 엑스선을 제거하는 것인데, 이 과정에는 그리드라는 장치가 꼭 필요하다. 개발 초기에는 주로 목재 그리드가 쓰였고, 후에 알루미늄을 소재로 한 것이 개발되었다. 알루미늄 그리드의 등장은 엑스선 촬영기의 선명도를 획기적으로 높이는 계기가 되었는데, 발명가는 일본 미야타 제작소의 사장인 노브야스. 그는 이 발명으로 대기업을 만들 수 있었다.

20. 엔 진

존 에릭슨은 주로 미국과 영국에서 일했던 스웨덴 태생의 기술자였다. 그의 이름은 열역학에 관한 책 속에서 에릭슨 사이클이라는 설명이 소개될 때 찾아볼 수 있다.

에릭슨은 죽는 날까지 수많은 엔진을 설계하고, 특히 열공기 엔진이나 프로펠러로 추진하는 배와 같은 것에 흥미를 갖고 있던 인물이었다. 그는 1829년 로러티형 증기기관과 선박용 엔진을 발

어떻게 이런 일이……

명하고, 1836년에는 스크류 프로펠러를 만들어 특허를 냈다. 열
공기 엔진을 만들고자 하는 그의 꿈은 계속되어 '모타호'라는 잠수
함을 만드는 데 성공했다. 에릭슨 사이클은 중간 단계에서 재열과
재냉을 하는 많은 과정의 팽창, 압축단계로 이루어져 있고, 효율
은 열기관으로서는 최고의 것이다. 그는 또 대체 에너지 개발에도
힘썼다.

21. 엘리베이터

요즘에야 백화점, 병원, 고층 아파트 등 고층건물에는 엘리
베이터가 없는 곳이 없을 만큼 중요한 시설로 자리잡았다. 그런데
엘리베이터가 처음 발명되었을 때 사람들의 반응은 어떠했을까?
처음으로 엘리베이터를 올라탄 사람의 경우 몸이 굳어 식은땀을
흘리는 경우가 많았다.

1853년 뉴욕에서 열리 만국박람회장에서 미국의 엘리샤 오티
스는 매일밤 그가 새로 고안한 엘리베이터를 팔고 있었다. 그가
발명한 안전장치의 원리는 용수철장치 왜건에 의해 따라 도는 톱
니바퀴와 브레이크 장치이며, 이것은 로프의 끌어당기는 힘이 없
어졌을 때만 작동하게 되어 있었다.

"여러분, 이것은 절대로 안전합니다"

이런 안전장치의 발명으로 비교적 빠르게 손님을 실어 나를
수 있게 되었고, 오늘날처럼 고층건물의 필수품이 되었다.

22. 연식야구 공

우리 나라에도 프로야구팀이 있을 만큼 야구를 좋아하는 사

람들이 많지만, 일본에서의 야구에 대한 인기는 가히 폭발적이라고 할 수 있다. 야구가 일본에서 붐을 일으키며 폭발적인 인기를 누리게 된 데는 '연식야구공'의 발명이라는 계기가 있었다. 연식야구공은 12세의 소년 에이이찌가 발명했다. 에이이찌는 이 야구공의 발명으로 백만장자가 되는 홈런을 날렸다.

1916년 봄, 당시 일본에는 미국에서 건너온 야구경기가 인기를 모으고 있었다. 병석에 누워 있던 에이이찌는 친구들의 야구경기를 구경하다가 어떻게 하면 공이 멀리 날아갈 수 있을까를 생각하며 연구를 시작했다. 당시 야구에 사용되던 공은 연식 정구공이어서 좀처럼 잘 날아가지 않았다. 소년은 결국 아버지의 고무 장화에서 힌트를 얻어 들쭉날쭉 홈을 판 공을 발명했다.

23. 연 필

현대에도 연필은 어린이의 필기도구에서부터 여성의 화장도구에 이르기까지 넓은 효용성을 자랑하며 사랑을 받고 있다. 이러한 연필은 언제 태어났을까?

연필의 역사는 대체로 16세기 무렵부터 시작된 것으로 볼 수 있으나, 일반화된 것은 19세기에 접어들면서부터이다. 그리고 연필이 오늘날과 같은 모습을 갖추게 된 것은 1795년 프랑스의 화가이자 과학자인 콘테에 의해서였다. 콘테는 숯으로 밑그림을 그리다 말고 화가 나서 숯덩이를 내던졌다. 당시는 숯을 사용하던 때였는데 자꾸 부러졌기 때문이다. 그 후로 줄곧 새로운 미술도구를 생각하던 그는 독일 콘라트 폰 게스너의 논문을 읽다가 흑연을 넣어 필기구로 사용했다는 대목에 흥미를 느꼈다. 그리고 실험에 착수하던 그는 접시처럼 흑연을 흙과 섞어 굽는 방법을 연구하여 연필을 탄생시켰다.

24. 영 사 기

우리가 극장에서 보는 영화는 영사기의 발명과 함께 누리게 된 큰 즐거움의 하나다. 영화필름을 영사하는 영사기는 미국의 존 긴즈와 프랑스의 르미에르 형제가 처음 발명했는데 이들의 발명이 이루어지게 된 것은 마이브리즈라는 한 경마광의 노력 덕분이다.

미국 샌프란시스코에 살고 있던 마이브리즈는 경마를 대단히 좋아하여 스탠포드라는 친구와 함께 말이 달리는 모습을 사진으로 찍기로 했다. 그리고는 경마장 안에 24개나 되는 사진기를 한 줄로 나란히 세워놓고 촬영을 시작했다. 첫 촬영작업에 성공한 마이브리즈는 연구를 거듭한 결과 1초 동안에 82매의 사진을 찍는 데 성공했다. 그의 연속촬영이 성공하자 많은 사람들이 여러 가지로 '움직이는 사진'을 발명하기 위해 연구를 시작한 것이다.

25. 오 토 바 이

1966년 영국에서 열린 한 오토바이 경주대회는 일본의 '혼다사'를 세계적인 오토바이 경주 메이커로 올려놓았다. 영국의 '만'이라는 섬에서 열린 이 대회가 있기 전까지 혼다사는 무명이나 다름없었다. 그러나 그 경주대회에서 혼다사가 내놓은 신형 오토바이가 1위에서 5위까지 모두 석권, 메이커 챔피언상까지 획득하는 신화를 창조했다.

혼다사의 신형 오토바이는 그 회사의 사장이었던 혼다 쇼이

치로의 발명품이다. 혼다는 상식이나 고정관념에 얽매이지 않고, 자유로운 사고를 바탕으로 한 창의력으로 오토바이의 신화를 창조했고, 세계적인 발명가이자 기업인의 영예를 얻었다. 그는 더 강력한 파워를 낼 수 있는 엔진을 개발하기 위해 연구를 시작, 굴뚝의 굵기나 길이에 따라 연소 상태가 달라지는 스토브의 원리를 이용하여 혼다 오토바이를 발명해냈다.

26. 온 도 계

온도계에는 여러 종류가 있다. 역학적 온도계, 전기적 온도계, 복사 온도계, 특수 온도계 등이 바로 그것이다.

17세기 액체 온도계는 액체가 온도 변화에 따라 팽창 또는 수축하는 점을 이용했다. 최초의 온도계는 기원전 300년에 비잔티움의 필로에 의해서 만들어졌다. 이것은 알렉산드리아의 크레시버스에 의해 100년 뒤에 재발명되었다.

1593년 이탈리아의 과학자 갈릴레오 갈릴레이가 이것을 계승, 재발명의 계기를 만들었다. 최초의 알코올 온도계는 1654년 이탈리아의 투스카니에서 페르디난드 2세를 위해 마리아니가 만들었다. 수은 온도계는 폴란드 태인 가브리엘 다니엘 파렌하이트에 의해 발명되었다. 그의 온도계는 그 어느 온도계보다 실용적이어서 큰 성공을 거두었다.

27. 완구 강아지

일본에 사카이라는 완구 발명가가 있었다. 그의 소원은 자신이 만든 완구용 강아지가 하루에 50마리 이상 팔리는 것이었다. 그

어떻게 이런 일이……

러나 아무리 노력해도 30마리밖에는 팔리지 않았다. 사카이는 그 원인을 생각하다가, 강아지를 사가는 이유가 귀여움에 있다는 것을 깨달았다. 그 후 자기 집의 강아지를 관찰하기 시작했다. 그러다가 강아지가 조그맣고 빨간 혀를 내밀고 있는 모양이 가장 귀엽게 보인다는 사실을 깨닫고, 자신의 완구용 강아지에 빨간 비닐 파입을 잘라 접착제로 붙였다. 그의 아이디어는 대성공이었다. 하루에 50마리씩 팔면 먹고 사는데 지장이 없을 것이라며 소원하던 사카이의 완구 강아지는 순식간에 2천 마리씩 팔려나가게 된 것이다. 간단한 아이디어였지만 빨간 혀 하나로 백만장자가 되었다.

28. 왕관 병뚜껑

1백여 년 이상 전세계 병마개 시장을 꽉 쥐고 있는 '왕관 병뚜껑'은 농부인 윌리엄 페인타의 집념과 부인의 순간적인 기지가 만들어 낸 부부합작품이다.

페인타부부는 시카고 근교의 농촌에서 금실 좋은 부부로 농사일을 하며 가난했지만 행복하게 살고 있었다. 어느 무더운 여름날, 아침 일찍 농장에 나가 일을 마치고 집에 돌아온 페인타는 소다수병을 따 단숨에 들이켰다. 그런데 갈증이 사라지기는 커녕 극심한 복통이 왔다. 병마개가 엉성해 소다수가 변질된 탓이었음을 안 페인타는 사흘간 죽을 고생을 하며 완벽한 병뚜껑을 만들기로 결심했다. 5년간 6백여 종 3천여 개의 병마개를 모으며 연구했다. 그러나 마땅한 방법이 없어 실망하고 있을 때, 그의 아내가 말을 던졌다.

"병뚜껑을 모자처럼 씌운 다음, 그 둘레를 왕관모양으로 꽉 찍어 눌러요"

29. 요람사 경보 장치

영국의 언론들은 콜린 패튼이란 18세의 소년을 대서특필한 적이 있다. 이유는 가족에 대한 사랑으로 자신의 어린 여동생을 위해 요람사(死) 경보장치를 발명했기 때문이다.

패튼은 미숙아로 태어난 여동생이 투명한 관 속에 누워 있다가 퇴원하자 너무 기뻤다. 그런데 어느 날, 여동생의 호흡이 불규칙하여 파랗게 변하는 것을 보고, 혹시 아기 방이 비어 있을 때 갑자기 호흡이 멈출까 염려되었다. 그래서 그런 경우를 대비해 동생의 호흡이 불규칙해졌을 때 소리나 나는 기계를 만들기로 했다. 그로부터 몇 주가 지난 후, 패튼의 손에는 동그란 작은 원판과 긴 전선, 그리고 TV의 리모콘 같은 상자가 들려 있었다. 만약 아기가 숨쉬기를 멈추면 상자에서 경찰차의 경고음 같은 소리가 나도록 한 기계였다. 뿐만 아니라 빨간 불이 켜져, 호흡이 불규칙하다는 것까지 알려주는 안전장치였다.

30. 용 수 철

대부분의 재료는 탄력성이 있어서 구부리려고 하면 본래대로 되돌아가려고 하는 힘이 생기게 된다. 정도의 차이는 있으나 대개의 경우 그렇다. 이런 성질을 이용하여 고대 사람들은 어린 나무의 줄기나 가지의 강한 힘으로 덫을 만들었다. 활도 어린 나무의 탄력성을 이용한 용수철로써 이 힘으로 화살을 쏘는 원리이다.

중세기에 접어들면서 방직기, 도르래, 제분기 등의 기계에 용수철의 힘이 이용되기 시작했다. 탄성재료는 꼬임에 대해서도 구부림의 경우와 마찬가지로 나타난다. 기원전 4세기 경 그리스의 투석기 등에는 로프로 보강한 비틀림 용수철이 쓰여졌다. 끝을 막대로 구부리는 것보다 코일 모양으로 구부린 금속 용수철을 신축시키는 편이 훨씬 큰 에너지를 비축할 수 있다는 것을 알게 된 것은 15세기이다.

31. 우 산

우산은 햇볕 가리기, 비를 피하기 등으로 3천년 전의 옛날부터 이용되고 있었다. 고고학상으로 보면 우산은 지위와 부의 상징이었다. 부족사회, 특히 아프리카에서는 지금도 귀인의 뒤에는 우산을 받쳐주는 사람이 있다. 그러나 고대 그리스, 로마에서는 우산은 유약한 사람이 사용하는 것으로 간주되었다.

우산이 일반 사람들에게 받아들여지기 시작한 것은 18세기 중반 무렵이었다. 1750년 경 조너스 한웨이가 처음으로 우산을 들고 폴멀의 클럽거리에 나타났다. 그는 무역으로 재산을 모으고, 러시아나 극동에서 수많은 멋진 우산을 보았다. 그는 한 평생의 절반인 30년간 매일 산책시 우산을 들고 다녔다고 한다.

한웨이의 우산은 뼈대를 등나무로 만든 것이어서 펴고 닫는 것이 불편했다. 스틸 뼈대를 발명한 것은 헨리 홀란드이며 영국의 제조업자가 처음 사용했다.

32. 우 표

전자우편, 휴대전화 등 여러 가지 최첨단의 통신수단이 발달되어 있는 현대에 살고 있으면서도 여전히 많은 사람들은 우편제도를 이용하고 있다. 우편제도는 직접 말로 전할 수 없는 내용을 담아 보낼 수 있다는 점에서 인간적인 특성을 지닌 통신이라 할 수 있을 것이다. 따라서 아무리 최첨단의 통신수단이 발명된다 할지라도 우편제도는 쉽사리 소멸되지 않고 많은 사람들에 의해 이용될 것이 분명하다.

오늘날 우편제도의 꽃이라고 할 수 있는 우표는 영국의 로랜드 힐에 의해 처음 발명되었다. 1839년 어느날 힐은 집으로 돌아오는 길에 편지를 받지 않겠다는 사람과 배달부가 다투는 것을 보고 이 문제를 해결하기 연구를 시작했다. 당시 우편요금은 착불이었기 때문이다.

33. 워 크 맨

소형 카세트 플레이어의 대명사가 된 워크맨은 실패한 아이디어에서 비롯되었다. 처음 워크맨의 본체를 개발한 사람은 일본 소니의 연구개발원 이라 미츠로.

그는 당시 유행하던 테이프 레코더인 프레스맨을 개조하여 크기가 아담하고, 스테레오 음을 내는 테이프 레코더를 만들 작정이었다. 그런데 녹음기능이 빠진 이상한 형태의 제품이 나오고 말았다. 당시 테이프 레코더는 거의 인터뷰 녹음용이었기 때문에 녹음기능이 빠진 것은 앙꼬 없는 찐빵 격. 그런데 이 작은 물건이 소니의 명예회장인 이부카의 눈에 띄었다. 이부카는 카세트 플레이어가 내는 훌륭한 음질에 착안하여 함께 연구중이던 헤드폰을 플레이어와 연결하여 새로운 상품을 내도록 한 것이다. 처음 관계

어떻게 이런 일이……

자들의 반응은 냉담했지만 대중의 반응은 놀라워 소니를 세계 일류기업으로 성장시켰다.

34. 원 반

모든 일에는 적절한 시기가 있게 마련이다. 사회가 요구하는 시기에 맞추어 탄생된 발명품이라면 작은 아이디어라도 크게 성공할 수 있을 것이다.

프리즈비 원반의 발명가 왈터 프레드릭 모리슨과 사업가 스퍼드 머린, 리치크너도 유행을 적절히 이용하여 성공한 대표적인 경우이다. 모리슨은 미국 캘리포니아 주에서 목수로 일하던 평범한 사람이었다. 그런데 그는 항상 '비행'이라는 문제에 쏠려 있어 날아다니는 것들을 좋아했고, 그런 것들을 만들면서 소일했다.

당시 예일 대학 주변을 중심으로 주석냄비를 던져서 날려보내는 놀이가 유행하고 있었다. 모리슨은 그것을 보며 플라스틱 합성물인 '테나이트'를 조각하여 원반을 만들었다. 멋진 곡선을 그리며 날아가는 이 원반은 주석냄비보다 더 빨리, 정확하게 날아 사람들의 사랑을 받게 되었다.

35. 원 자 로

핵에너지의 이론은 아인슈타인의 상대성이론에서 그 가능성을 알 수 있다. 이것은 아주 작은 질량도 빛의 속도를 가속시키면 거대한 에너지로 변할 수 있다는 것이다.

현대에는 저명한 물리학자들에 의해서 핵개발이 계속 추진되고 있다. 최초의 원자로, 즉 핵 연쇄반응을 유지하는 장치는 이탈리아의 물리학자 양리코 페르미의 지도로 시카고 대학에 설치되었다. 중성자 물리학에 관한 공헌으로 페미르는 1938년 노벨 물리학상을 받았다. 시카고의 원자로는 1942년 12월 2일에 최초의 반응이 시작되었다. 미 육군의 맨해튼 공병대는 핵무기 개발의 첫걸음으로 원자로부터 건설했다. 현재는 서독, 스웨덴 등에서도 독자적인 동력로를 개발, 보유하고 있으며 일본은 미국으로부터 도입한 비등수형 원자로를 개발, 활용하고 있다.

3b. 음성조정 마이크로 컴퓨터

손발을 마음대로 쓰지 못하거나 팔다리가 마비된 사람도 텔레비전, 라디오, 전등 스위치 등을 침대에 누워서 작동할 수 있게 되었다.

프랑스의 마틴이라는 26세의 여성이 발명한 '카탈라보' 덕분이다. 그녀는 1984년에 이것을 완성했다. 이 발명품은 독일, 일본, 프랑스 심지어 미국인들 사이에서도 폭넓은 관심을 불러 일으켰다. 카탈라보는 목소리를 인식하는 소형컴퓨터로 특정한 목소리에서 발산되는 음색을 부호로 인식하여 이를 숫자로 재구성한다. 마틴이 음성인식분야에서 최초의 발명가는 아니지만, 그녀는 이 새로운 공학을 개선하여 한 단계 발전시켰으며 획기적인 방법으로 소형화시켜 사용범위를 넓혔다.

카탈라보는 비디오 테이프 크기로 아주 작고 가벼우며 사용자의 음성에 1/10초로 반응한다. 이것은 전례 없이 빠른 속도다.

어떻게 이런 일이……

37. 의 약 품

에이즈, 암 등 아직도 지구상에는 인류가 정복하지 못한 질병이 많음에도 불구하고 각종 의약품의 발달로 인간의 수명은 점점 길어져 노령화사회로 접어들고 있다. 병이나 상처를 치료하는 데 사용되는 의약품은 언제, 누가 만들어 냈을까?

3천여 년 전, 이집트에는 50여 종의 약용 식물이 알려져 있었고, 일찍부터 의술이 발달한 바빌로니아에는 250여 종의 약용 식물이 쓰였다. 또 구리나 수은의 화합물, 유황, 소다 등의 광물, 동물의 내장이나 혈액 등도 약으로 쓰였다.

2세기 경 로마의 갈레로스는 열심히 의학연구를 했고, 세계를 여행하며 약용식물을 모아 용도를 연구했다. 로마 시대에는 의학이 매우 발달하여 큰 도시에는 의학을 가르치는 학교가 생겼고, 전문적인 관리가 약용식물을 재배했다. 식물 중에 독이 있는 것을 연구한 학자도 있었다.

38. 24시간 태양발전소

태양열을 이용한 발전은 환경을 오염시키지 않는 깨끗한 에너지로서 각광을 받고 있으며, 몇 천년을 써도 고갈되지 않는다는 장점 때문에 많은 과학자들의 연구대상으로 지목되어 왔다. 그러나 흐린 날이나 태양이 없는 어두운 밤에는 무용지물이라는 것이 단점이다. 그런데 밤에도 태양열 발전을 하게 됨으로써 24시간 발전하는 태양발전소가 건설되었다.

솔라 투(solar two)라고 불리는 이 발전소는 미국 캘리포니아의 다켓 근처에 있는 10메가와트의 솔라 원을 개선한 것으로 낮에 태양열을 흡수하여 밤이나 흐린 날이면 며칠 동안이라도 열을 방출하도록 되어 있다. 이 발전소는 태양을 따라 움직이는 태양빛 반사경으로 태양빛을 중앙탑 꼭대기에 모이게 하여 집중된 태양광이 혼합물을 섭씨 1050도로 가열하여 이것으로 물을 끓여 발전기를 돌린다.

39. 이중 팬티

온 세계 남자들이 입고 있는 팬티는 거의 대부분 앞부분이 이중으로 되어 있고, 그 사이에 출입구가 있다. 누가 이 편리한 구조의 팬티를 발명했을까? 이중팬티의 발명가는 신혼의 단꿈에 젖어 있던 일본의 어느 새색시였다. 본인의 의사에 따라 이름은 알려지지 않고 있으나, 그녀의 발명으로 샐러리맨이던 남편은 유명한 의류가공업체의 대표가 되었고, 자신도 발명가로서의 명성을 얻었다.

어느 날, 옷가지를 개키고 있던 새색시는 남편의 속옷 출입구가 단추에 의해 개폐되도록 만들어진 것을 발견하고 불편한 점을 개선하기로 했다. 팬티에 대한 연구에 진전이 없어 고심하던 그녀는 남편이 이중으로 된 양복깃 사이로 손을 넣어 양복 안주머니 속에서 지갑을 꺼내는 것을 보고 힌트를 얻어 이중팬티를 발명하게 되었다.

40. 익은 과일 고르는 첨단장치

먹음직스럽게 보이는 포도나 참외가 막상 먹어보면 시큼한 것이 있고, 커다란 수박도 쪼개보면 덜 익은 것이 있다. 이렇게

어떻게 이런 일이……

겉만 보아서는 알 수 없는 과일들이 종종 있기 때문에 소비자들은
골탕을 먹기 일쑤이고, 판매하는 사람도 난처한 경우가 많다.

　　그런데 이런 불편함을 해결해 주는 첨단 장치가 개발되어 맛
있게 잘 익은 과일만 먹을 수 있는 시대가 왔다. 미국 퍼듀 대학
의 과학자들이 발명한 이 장치는 MRI(자기공조화상)라는 첨단의료
기술을 간편하게 개조한 것으로 과일의 익은 정도를 쉽게 알 수
있다. 들고 다닐 수 있을 정도로 작은 이 기계는 자장을 이용하여
과일과 야채 속에 들어 있는 당의 수준을 알아내서 알맞게 익은
과일만 찾아내도록 되어 있다.. 이 장치는 생산자들에게도 적절한
수확기를 알려주어 일석삼조이다.

41. 인공 소다

　　지금은 우리 나라도 공업이 발달하여 질 좋은 비누를 많이 생
산하고 있다. 그러나 과거에는 여러 나라에서 육지식물이나 해초
에서 얻은 잿물로 비누를 대신해왔다. 잿물이란 식물을 태워 얻은
재를 물에 걸러 만든 액체로, 오늘날의 가성소다처럼 알칼리성이
어서 주로 세탁하는 데 사용되었다.

　　시대가 바뀌면서 잿물은 점차 사라지고, 화학공업이 발달하
면서 인공적인 방법으로 소다를 제조하게 되었다. 이 인공소다를
처음으로 제조하여 화학공업의 발달에 기초를 이룬 사람은 프랑
스의 외과의사이자 화학자였던 니콜라스 르블랑이다.

　　그는 소금과 황산을 혼합하여 가열하고 여기서 생긴 황산나
트륨에 석회석과 숯을 섞어 뜨겁게 가열하는 방법으로 탄산나트
륨(탄산소다)을 얻어냈다. 성공적인 소다 발명이었다.

42. 인공위성

　지구의 위성인 달은 지구의 둘레를 돌고 있다. 이 달과 같이 지구의 둘레를 도는 위성을 인공적으로 만들어 그 위성에 여러 가지 관측 기계를 실어서 무전으로 송수신할 수 있도록 해두면 크게 도움이 된다. 또 이것은 우주 여행을 위한 우주 정거장으로 이용할 수도 있다. 인공위성을 쏘아 올리는 데는 로켓이 사용되는데, 제2차 세계대전 후에 로켓이 발달하여 미국과 소련에서 인공위성의 연구가 활발해졌다.

　지구의 여러 가지 성질을 같은 해에 집중적으로 연구하는 전 세계 과학자들의 국제지구 관측의 해가 정해져 제1회는 1882년에 모임을 가졌다. 제2회는 50년 후인 1932년, 제3회는 미국과 소련은 인공위성을 써서 전리층이나 상층부분을 연구·조사한다는 계획을 발표하고, 1957년 소련이 1호를 쏘아 올렸다.

43. 인공조미료

　우리 나라에서 미원이나 미풍이라는 이름으로 더 알려진 아지노모토라는 화학조미료는 한동안 조미료의 대명사로 일컬어졌다.

　이 아지노모토의 발명가는 일본의 이케다 박사이다. 1908년의 어느 날, 저녁 식탁에 오른 국물을 맛보던 이케다는 아내로부터 다시마 국물이라는 말을 듣고 호기심이 발동했다. 국물맛이 너무 좋았던 것이다. 이케다 박사는 다시마를 물에 삶아 국물을 만들고, 계속 열을 가해 수분을 완전히 증발시켰다. 그러자 하얀 침전물이 솥에 남았다. 흰 가루와 소금을 제거하고 다시 열을 가해 여러 가지 요소로 분류하기를 수 차례. 맨 마지막으로 남은 쌀 모양의 결정체를 분석한 결과 글루타민산 소다라는 것을 알아냈다.
맛의 비밀인 글루타민산 소다는 이케다 박사에 의해 밀 등에 있는
단백질에서 분해되어 조미료로 탄생되었다.

44. 인조 견사

누에는 입에서 끈끈한 액체를 뱉어낸다. 그것이 공기를 쐬고
굳어지면 바로 명주실이 된다. 명주실로 짠 옷을 비단이라고 하며
옛날부터 가장 아름다운 옷감으로 여겨왔다. 이런 명주를 누에에
게서 얻지 않고 화학적인 힘을 빌려 인공적으로 만든 것이 인조견
사다. 이 인조견사는 프랑스의 화학자 샤르도네가 사진에 대한 연
구를 하다가 힌트를 얻어 발명해낸 것이다.

파스퇴르의 제자였던 사르도네는 당시 프랑스에서 유행하던
누에병에 대한 연구를 하고 있었다. 또 한편으로 당시 큰 관심의
대상이었던 사진에 흥미를 느껴 그 재료인 콜로디온에 대한 연구
도 병행하고 있었다. 그는 어느 날, 사진 건판의 원료로 쓸 생각
으로 콜로디온을 연구하다 재미있는 현상을 발견했다. 작은 구멍
을 통해 콜로디온을 밀어내자 명주실처럼 가늘게 나온 것.

45. 인조 보석

인조보석의 효시는 고대 이집트에서 발명되었던 유리를 들
수 있다. 그 당시의 유리는 진짜 보석보다 더욱 귀중하게 여겨졌
기 때문이다.

오늘날의 합성보석은 1904년 프랑스의 베르누이가 석탄가스
와 산소로 약 2천도의 불꽃을 만들고, 그 속에 산화알루미늄 가루

에 크롬을 섞은 것을 넣어 융용시켜 루비를 만든 것으로부터 시작
되었다. 이어서 산화알루미늄에 철과 티타늄을 섞은 사파이어,
마그네슘을 섞은 스피넬과 여러 가지 인조보석이 만들어졌다.

요즘은 에메랄드도 합성되고, 1954년부터 공업용 다이아몬드
도 만들 수 있게 되었다. 루틸, 티타늄산 스트론튬 등의 아름다운
인조보석도 만들어지고 있다. 합성루비·사파이어의 대량생산은
값싼 반지를 비롯한 액세서리의 대중화를 가능하게 하였다.

46. 일기예보

TV에서 뉴스가 끝나는 시간이면 어김없이 등장하는 것이 일
기예보이다. 행사를 앞에 두고, 혹은 모임이나 여행, 취미 등을
즐기기 위한 사람들의 일기예보에 대한 관심도 자연 높아질 수밖
에 없다. 이 일기예보는 어떻게 처음 시작되었을까?

1851년 여름 영국 런던에서는 대박람회가 열리고 있었다. 프
랑스의 천문학자인 루베레는 박람회를 구경하기 위해 런던에 머
물고 있었다. 그 곳에서 루베레는 「데일리 뉴스」라는 신문사 벽에
붙어 있는 '영국의 천기도'를 보았다. 그는 곧 그리니치 천문대의
글레이셔를 만나 천기도에 관한 설명을 들었다.

프랑스에 돌아온 루베레는 크리미아 전쟁 당시 해군장관의
부탁으로 태풍의 원인을 조사해 준 것을 계기로 천기도의 필요성
을 정부에 건의했다. 루베레는 마침내 프랑스에 최초의 기상국을
설립, 매일 일기예보를 하였다.

어떻게 이런 일이……

47. 일회용 턱받이와 두루말이 타월

스웨덴의 소녀 에마가 15살 때의 일이다. 8개월짜리 남동생이 수프를 먹을 때 그 수프가 입뿐만 아니라 사방으로 흘러내려 턱받이는 곧 축축해졌다. 홈패션 디자이너인 에마의 어머니는 동생의 더러운 턱받이를 갈아주고, 계속해서 닦아냈으며 깨끗한 것으로 갈아주는 데 많은 시간을 허비하고 있었다. 이런 광경을 보며 에마는 생각했다. '종이 손수건처럼 한 번 쓰고 버리는 1회용 턱받이를 발명해보면 어떨까?' 하고.

1984년 에마는 각 장의 턱받이마다 미리 재단된, 아기 머리가 들어갈 수 있을 정도로 위가 터지고 아래 부분은 떨어지는 음식을 받을 수 있도록 접혀져 있는 반원형태의 턱받이를 고안했다. 그리고 더 나아가 종이 타월처럼 롤러에서 뜯어 쓰는 그녀의 턱받이는 스웨덴의 대기업체에서 생산되었다. 장애인용 두루말이 타월도 그녀의 발명품이다.

48. 입으로 조작하는 컴퓨터

손을 쓰지 못하는 장애인도 이제 컴퓨터를 자유자재로 조작할 수 있게 되었다. 일본 쯔꾸바 대학에서 혀끝을 움직이거나 치아로 가볍게 무는 것만으로도 컴퓨터에 정보를 입력시키고, 조작할 수 있는 '입에 무는 마우스피스형 장치'를 개발했기 때문이다.

이 장치는 아주 작은 센서를 장착한 수지 필름으로 만든 것으로 화면상에서 커서를 움직이는 등의 명령을 내리기 때문에 몸이 부자유스런 사람에게 새로운 의사전달장치가 될 전망이다. 또한 미세한 비뚤어짐도 측정할 수 있는 3개의 센서를 얇은 플라스틱

필름 두 장으로 겹치게 만들어 입에 넣어서 조작하도록 되어 있는데, 센서는 혀끝이 닿는 위치에 부착되어 있다. 그리고 이용자도 위치를 파악하기 쉽도록 5밀리미터 정도의 돌기를 필름 위에 장착, 여기에 혀를 대면 커서가 움직인다.

어떻게 이런 일이……

1. 자

길이를 재기 위해 사용하는 자는 언제 어떻게 발명되었을까? 자의 한자인 척(尺)은 사람의 팔을 펼친 모양, 또는 엄지와 집게 손가락을 펴고 있는 모양을 나타내고 있다. 영국이나 미국에서 쓰이는 풋은 발이라는 의미를 지니고 있는 것으로 보아 옛날부터 사람들은 길이를 재는 데 몸을 사용했음을 알 수 있다.

중국에서는 기원전 7세기 주나라 때 '황종'이라는 피리의 길이를 기준으로 척이라는 자의 단위가 정해졌다. 우리 나라에서는 옛날에 주먹, 뼘, 발 등으로 길이를 재다가 삼국 시대에 척관법을 들여와 20세기에 미터법을 채용할 때까지 사용하였다. 각 나라마다 서로 다른 단위를 정하여 사용하였으므로, 다른 나라와의 거래 시 문제가 생겨 1875년 국제 미터조약이 맺어지면서 미터법이 온 세계에 퍼졌다.

2. 자동시계

요즘 보편화되고 있는 현대형 자동태엽시계는 20세기 초에 출현되었다. 크고 무거운 회중시계를 소형화로 탈바꿈시킨 것은 손목시계로의 실용화가 진전되면서부터이다. 영국의 존 하우드가 1923년 자동 운동 시계의 특허를 받은 것이 발명다운 발명이었다.

하우드는 시계 수리공이며 제조기술자였다. 그는 시계에 먼지가 많이 들어가면 고장이 나고, 또 시계의 태엽을 불규칙적으로 감는 것으로 인한 문제가 많은 것을 깨닫고, 시계의 태엽을 감지 않는 영구 운동 시계를 고안해냈다. 하우드는 자동시계 회사를 설립하여 1928년부터 판매에 들어갔으나 경제불황으로 크게 성공하지는 못했다.

1930년 스위스의 로렉스 시계회사가 자동시계를 제작하였으며, 방진·방수화로서의 성능을 향상시켰다.

3. 자 동 차

자동차는 오늘날 우리 생활의 필수품이 되었다. 이처럼 당연시 생각되는 자동차도 처음부터 있었던 것은 아니다.

1882년 독일의 칸시타트라는 마을에 이상한 집이 있었다. 그 집 이층은 매일 밤늦도록 불이 켜 있고, 이상한 기계소리만 들리는 수상쩍은 집이었다.

이웃 주민의 신고로 달려온 경찰에 의해 밝혀진 바에 의하면 집주인은 다이물러와 함께 달리는 기관을 연구하던 마이밧호였다. 당시 독일에는 증기기관차와 말이 쓰는 마차가 함께 거리를 달리고 있었고, 이들은 새로운 엔진을 위해 4년간이나 연구에 몰두했다. 그리고 1885년 드디어 두 사람이 탈 수 있는 새로운 차가 탄생하였다. 이렇게 하여 인류의 삶의 필수품인 최초의 자동차가 등장하였으며 가솔린 기관의 기초가 확립되었다. 같은 시기에 독일에서는 벤츠가 가솔린엔진 자동차를 만들어 시운전에 성공하였다.

어떻게 이런 일이……

4. 자동판매기

커피를 비롯한 각종 음료, 라면을 비롯한 식품, 심지어는 전철 승차권과 책까지도 돈만 넣으면 척척 내주고, 거스름돈까지 정확하게 거슬러주는 자동판매기는 이제 없는 곳이 거의 없을 정도로 우리 생활에 깊숙이 자리해 있다. 이 편리한 자동판매기는 누가 발명했을까? 최초의 발명가는 영국의 덴함이다. 당시 영국에는 동전을 넣으면 움직이는 놀이기구가 유행하고 있었는데, 사람들은 한결같이 이 놀이기구를 신기하게 생각했다. 그 가운데 덴함은 그것의 원리를 무척 궁금하게 생각하여 곧 제작회사를 찾아갔다. 뜻밖에도 그 원리는 너무나 쉽고 간단했다. 단지 동전의 무게로 작동이 가능하다는 것을 알게 된 것이다. 그 순간 덴함의 머리 속에 기발한 착상이 떠올랐는데, 바로 자동판매기였다. 그가 처음 발명에 성공한 것은 우표와 수입인지의 자동판매기였다.

5. 자물쇠

옛날이나 지금이나 도둑은 여전하다. 이 도둑으로부터 재산을 보호하기 위해 생겨난 것이 자물쇠이다. 자물쇠의 역사는 장롱과 대문에 설치했던 것을 원조로 꾸준히 발전해왔다. 그러나 이들 자물쇠는 너무 엉성하여 제구실을 다하지 못했던 것을 형사인 새뮤얼이 완전한 자물쇠로 발명했다.

새뮤얼은 형사가 된 후, 조사과에서 근무하게 되었는데 도둑들이 하나같이 자물쇠를 열고 범행한 것이 확인되자, 시장에서 팔리고 있는 모든 자물쇠를 살펴보았다. 모두 빈약하여 손쉽게 부수고 열 수 있었다. 심지어는 제 열쇠가 아니어도 쉽게 열리기까지

했다.

이때부터 새뮤얼은 견고하고 정밀한 자물쇠를 만드는 것이 범죄 예방이라고 생각하여 연구를 시작했다. 형사직을 그만두고 발명에 몰두한지 3개월만에 튼튼한 자물쇠를 탄생시켰다.

6. 자전거

1770년 자전거의 시초라고 할 수 있는 것이 처음으로 등장했다. 그것은 프랑스의 드 시브락이 목마의 다리에 나무바퀴를 달아서 올라타고, 땅을 발로 차서 달리는 것을 발명한 것이다. 이것은 핸들도 브레이크도 없었다. 그러다가 1818년 독일의 칼 드라이스가 파리에서 핸들이 달린 목마 이륜차를 발명하였다. 이 목마 자전거는 파리의 거리를 시작으로 영국에도 전해져 마침내 발로 페달을 밟는 자전거가 탄생되었는데 이것은 1893년 맥밀란이 발명한 것이다.

영국의 스탠리가 앞바퀴와 뒷바퀴의 크기를 같게 하고, 페달 밟는 힘을 체인으로 뒷바퀴에 전달하는 자전거를 발명한 것이 현재 자전거의 원형이다. 던롭이 공기 튜브 타이어를 발명하고, 안장 밑에 용수철을 달고, 브레이크 등이 개량되면서 1890년 경에 이르러서야 오늘날의 구조를 이루었다.

7. 잠수함

사람이 배를 이용하여 물고기처럼 물 속을 항해하고자 하는 생각은 옛날부터 있어왔다. 영국의 수학자였던 보온은 1578년에 방수가죽으로 배를 씌워 수중에서 노를 젓도록 하여 움직이는 잠

어떻게 이런 일이……

수선을 설계했다. 1620년에는 네덜란드의 드레벨이 보온의 것과 비슷한 잠수선을 만들었으나 단순한 수중 잠수시험 정도였다. 오늘날의 잠수함의 시초는 미국 독립전쟁 당시 예일 대학에 다니던 데이비드 브슈넬이 발명한 터틀이다.

1775년 영국과 영국의 식민지였던 미국의 청교도들 사이에 전쟁이 일어났다. 뉴욕의 항구에 서 있던 브슈넬은 영국의 군함을 바라보며 바닷속을 뚫고 들어가 적의 군함을 폭파시킬 생각을 하고 있었다. 그때 물위를 떠가는 나무로 된 술통이 눈에 띄었다. 여기서 힌트를 얻은 브슈넬은 1인용 잠수함 터틀호를 발명, 독립전쟁에 기여하였다.

8. 잠자는 병 치료제

독일에서 태어나 평생을 세균학연구에 전념해온 코흐는 정부의 위촉으로 아프리카에 파견되었다. 아프리카의 풍토병인 수면병의 연구를 위해서였다. 수면병이란 잠든 상태가 오래 지속되다가 결국은 혼수상태가 되어 죽는 병이었다. 그러나 잠자는 병에 걸린 환자는 늘어만 갔지 치료약은 커녕 원인조차 알 수 없었다. 그는 어느 날 산책길에 나섰다. 한참을 걷다가 두 갈래로 갈라진 곳에서 망설이는 사이 들것에 실려나가는 환자들을 만나게 되었다. 그런데 이상한 것은 들것은 꼭 한쪽 길에서만 실려 나왔다.

이상하게 생각한 코흐는 원인을 조사하다가 악어가 있는 부락 쪽에서 환자가 많이 발생한다는 것에 힌트를 얻어 병원체를 발견하게 되었다. 이로써 잠자는 병에 대한 실마리를 얻은 그는 오랜 세월 아프리카 주민을 괴롭혀온 잠자는 병 치료제를 만들었다.

9. 장난감

　6면이 서로 다른 색으로 된 블럭을 흩어놓았다가 다시 색깔을 맞추어 나가는 정육면체의 장난감. 이름하여 '루빅의 큐브'라는 두뇌놀음기이다.

　이 장난감은 한때 우리 나라에서도 붐을 일으켰던 것으로 헝가리 태생의 에르노 루빅에 의해 처음 만들어져 한동안 세계적으로 선풍적 인기를 모았다. 에르노 루빅은 기하학적인 모양을 좋아했고, 그런 모형들을 만드는 디자이너였다. 루빅은 새로운 무언가를 만들기에 열중했는데, 어느 날 몇 개의 나무블록을 쌓아놓고 각 블록을 고무줄로 묶어 서로 연결시킨 후, 한 면에 색을 칠했다. 그런 다음 한 층을 살짝 비틀자 색을 칠한 블록이 끼여들었다. 그는 큐브를 수없이 반복해 비틀면서 이동순서를 알아내 1975년 지금 형태의 퍼즐용 장난감을 만들었다. 이것은 작은 큐브 9개가 3단으로 붙어 30억의 배색으로 조합된다.

10. 재봉틀

　요즘은 가정에서 바느질하는 사람이 그리 많지 않지만, 한때 재봉틀은 우리 생활의 필수품이었다. 일일이 손으로 해야 하는 일을 기계가 대신함으로써 시간과 노동력의 절감을 가져온 재봉틀은 편리한 기계인 것만은 틀림없다.

　재봉틀을 발명한 사람은 미국의 하우. 그는 미국 캐사추세츠에서 태어나 늘 가난에 허덕였고, 몸이 허약했는데 날 때부터 한쪽 발을 절었다. 그가 7세가 되던 1826년부터 직물공장에 나가 일하기 시작했고, 그는 케임브리지로 가서 기계공장에 취직했다.

어떻게 이런 일이……

나이가 들어 결혼을 했는데 고된 공장일을 견디지 못해 퇴근하면 쓰러지듯 누워지냈다. 대신 그의 아내가 삯바느질로 생계를 도왔는데 밤마다 아내의 기계적인 작업을 지켜보다가 하루는 재봉틀을 만든 것을 결심했다. 드디어 1844년 그의 나이 25세가 되던 해 재봉틀 발명에 성공하게 되었다.

11. 재생용 분쇄기

산업혁명 이후 인간의 역사는 대량소비 시대로 접어들었다. 지하, 바다, 강, 심지어는 하늘까지 인간은 뭐든 활용할 수 있는 것을 개발해냈다.

그러나 모든 자원은 한계를 지니고 있다. 이 문제의 해결방법으로 등장한 것 중 하나가 산업폐기물의 재활용이다. 이 방법은 지구를 오염시키는 물질을 줄임과 동시에 새로운 자원을 찾을 수 있는 이중효과를 낳고 있다. 쓰레기 속에서 황금을 찾는 작업인 것이다.

일본 호라이 철공소의 스즈키 요시후미는 이 분야에서 획기적인 발명을 하여 세계적으로 인정을 받았다. 스즈키는 첫 사업이 화재로 잿더미가 되자 두 번째로 플라스틱 가공 공장을 시작했다. 그러다가 공장 뒷마당에 플라스틱 폐품들이 산처럼 쌓인 것을 보고, 영화 속에서 꽃잎이 흩날리는 장면에서 힌트를 얻어 분쇄기를 발명했다.

12. 저울

요즘도 쌀가게나 금은방에 가면 곡식이나 금을 저울로 다는 것을 볼 수 있다. 언제 발명되었을까? 기원전 5천년 경 이집트에 서는 천칭이 사용되었다. 그것은 막대 중앙에 구멍을 뚫고 끈을 꿰어 양끝에다 접시를 달아 맨 것이다. 한 쪽의 접시에 기준이 되 는 추를 얹고, 반대쪽의 접시에는 달고 싶은 곡식 등을 얹는다.

기원전 5백년 경이 되어서 로마 저울이라고 일컫는 '대저울'이 발명되었다. 이것은 지레의 원리를 이용한 것인데 추의 위치를 움 직임으로써 물건의 무게와 균형이 잡히게 할 수 있어 천칭보다 편 리했다. 유럽에서는 17세기부터 천칭을 개량하는 일이 추진되었 고, 대표적인 발명은 프랑스의 수학자 로레브발이 1669년에 현재 의 천칭을 고안했다.

13. 전 구

오늘날, 우리의 생활에 편리하게 쓰이는 전구는 1879년 토마스 에디슨과 영국의 조셉 윌슨 스완 경에 의하여 동시에 발명되었다. 그러나 전구의 역사는 좀더 거슬러 올라간다. 1811년 험프리 데이 비 경이 두 전극 사이의 방전에 의한 빛을 발견하면서부터 전구의 역사는 시작되었다. 실험적인 아크등은 파리의 콩코드 광장에 가로 등으로 설치되었고, 미국과 유럽에서도 실험이 진행되었다.

그러나 아크등은 너무 빨리 타버려 실용적이지 못했다. 스완 은 최초로 전구를 개발했으나, 전구안을 진공으로 유지하는 데 문 제가 있었다. 결국 에디슨이 이 모든 문제를 해결하여 1879년에 40시간 동안 빛난 탄소 필라멘트 전구 실험에 성공했고, 다음 해 1,500시간을 견디는 전구를 만들었다.

어떻게 이런 일이……

14. 전동기

전동기는 모든 기계의 심장 역할을 한다. 그것은 자석이 같은 극끼리는 서로 밀어내는 단순한 원리를 이용하고 있다. 사실 자석의 특이한 성질은 누구나 알고 있다. 전동기의 발명가는 미국의 토머스 데븐폴트이다. 왜 그는 전동기의 발명가가 되었을까?

1831년 뉴욕에 있는 펜필드 철공소를 방문한 데븐폴트는 거대한 전자석이 철을 빨고 분리하는 것을 보며 감탄사를 연발하였다. 당시에는 전자석이 대중화되지 않아 일반인이 전자석의 쓰임새를 아는 것은 흔한 일이 아니었다.

그는 전자석에 대해 더 깊이 알아보기 위해 갖가지로 실험하던중 자석 안에 전자석을 놓으면 끊임없이 회전한다는 사실을 알아냈다. 그리고 궁리 끝에 전자석에 축을 달고 그 끝에 바퀴를 달아 보았다. 바퀴는 신나게 돌아갔다. 전자석을 이렇듯 이용해 만든 것이 전동기다.

15. 전등부착 드라이버

간단한 아이디어 상품이면서 많은 사람들이 절실히 필요로 하는 아이템을 찾아내 성공한 발명품이 있다. 일본 나가모리 전기 회사가 만들어낸 전등부착 드라이버이다.

각종 드라이버를 생산, 판매하는 나가모리 회사의 연구팀은 매상이 날로 줄어들자 새로운 상품개발에 착수했다. 이들은 먼저 시장조사를 했고, 그 결과 드라이버가 실제적으로 많이 사용되는 것은 기계 속의 구석지고 어두운 곳에 박혀 있는 나사못을 풀거나 조이는 데 따른 용도였다. 그 때문에 현장에서 기술자들은 손전등으로 구석구석을 비쳐가며 불편하게 일하고 있었다. 이런 문제점을 발견한 연구팀은 드라이버자루를 투명 플라스틱으로 바꾸고, 그 안에 전지와 꼬마전구를 넣은 다음 자루 끝을 렌즈형으로 만들어 빛이 드라이버 끝에 집중 투사되도록 고안하였다.

16. 전자레인지

여러 분야에서 과학이 발전하고 있는 오늘날, 음식의 조리방법에도 많은 변화가 생겼다. 불 없이 음식을 가열하여 조리한다는 것은 50여 년 전만 해도 생각조차 할 수 없었던 일이다. 그런데 요즘은 전자레인지가 보편화되어 웬만한 집에서는 어린이도 곧잘 사용한다. 이렇게 조리 방법의 혁신을 가져온 사람은 초등학교를 중퇴하고, 불우한 어린 시절을 보낸 퍼시 스텐서이다.

스텐서는 레이턴사에 입사하여 20년이 지나서야 정식 기술자가 되어 전자관을 자기 손으로 만들게 되었다. 그런데 그는 어느 날, 열심히 일한 후 주머니에 넣어둔 사탕을 먹으려다 깜짝 놀랐다. 주위는 열은 커녕 쌀쌀한 날씨였는데 사탕이 녹아 있었기 때문이다. 거듭되는 이런 현상에 자신이 만드는 전자관에서 극초고주파가 나온다는 사실을 깨닫고, 곧 실험에 착수하여 전자레인지를 발명하게 되었다.

17. 전자칩이용 시각장애치료

지금까지 시각장애자들이 보통의 시력을 갖기 위해 취할 수 있었던 가장 확실한 방법은 안구 이식수술이었다. 하지만 안구기증자가 많지 않고, 치료비도 엄청나 평생을 암흑 속에서 살아가는

어떻게 이런 일이……

경우가 많았다.

　그런데 이제 시각장애자들도 밝은 빛을 볼 날이 멀지 않았다. 미국 매사추세츠 공과대학에서 로봇의 눈 설계에 종사해온 존 와이엇 박사가 이들 시각장애자의 처지를 안타깝게 생각하여 개인적인 연구를 시작한지 5년만에 하나의 칩을 개발한 것이다.

　이 칩은 사람 눈의 뒤쪽에 있는 빛에 민감한 막인 망막에 넣을 수 있을 정도로 작은 것이 특징인데, 이 칩을 수술을 통해 삽입하면 칩 표면에 있는 전극을 통해서 빛을 탐지하게 되고, 보통 사람의 눈이 만들어 내는 메시지 대신 전자 충격을 뇌에 보내 다양한 빛을 구별한 수 있다고 한다. 아직은 실험 단계에 있다.

18. 전자 현미경

　빛을 렌즈에 통과시킴으로써, 그 빛을 구부러지게 하거나 한 점에 모으듯이 전자선도 정전 렌즈나 자기 렌즈를 통과시키면 빛과 마찬가지로 다룰 수 있을 것이라고 생각하였다. 독일의 브뤼헤와 요한슨은 정전 렌즈를 만들어 이러한 원리를 이용하여 현미경을 만들었다. 이것이 전자 현미경의 시초이며, 그 배율은 5백 배 정도로 보통 현미경에 비해 특히 크게 보인 것은 아니었다. 그러나 전자선이 진동 현상의 일종이란 것을 1924년 프랑스의 드 브로이가 알아낸 뒤, 파장이 짧을수록 미세한 것까지 분간할 수 있음을 생각하여 배율을 높이기 위한 연구를 하게 되었다. 그 결과 1932년 독일의 보리에스와 루카스가 전자선의 파장을 짧게 하기 위해 전자선 가속 장치를 설치한 전자 현미경을 만드는 데 성공했다. 현재는 배율이 백만 배나 되는 현미경도 있다.

19. 전 지

소낙비나 폭우가 쏟아지는 밤, 하늘에서 번쩍거리는 번개를 보았을 때부터 인간은 전기에 대하여 관심을 가졌다. 고대 그리스의 철학자 탈레스는 호박을 문지르면 정전기가 생긴다는 것을 알아냈다. 영어의 전자(electron)라는 말은 고대 그리스어의 호박(elektron)에서 유래된 말이다. 인간이 전기를 만들어낼 수 있었던 것은 언제, 누구에 의하여서였을까? 독일의 물리학자 오토 폰 귀리케는 전기의 발생에 관한 실험을 했고, 1729년 영국의 스테판 그레이는 전기의 전도성을 발견했다. 미국의 벤자민 프랭클린은 뇌우중에 연을 띄운 실험으로 전기의 성질을 연구했다.

그러나 전류를 흐르게 하는 장치는 이탈리아의 볼타가 1799년 경에 발명했다. 오늘날 흔히 사용하는 알칼리 전지는 토마스 알바 에디슨이 발명하였다.

20. 전지 넣은 완구

발명에 대한 필자의 법칙으로 '발명의 십계명'이란 것이 있다. 그 가운데 하나는 시간의 문제이다. 만약 시간을 좀더 늘린다면?

이러한 시간의 문제를 푸는데 주력하여 성공한 대표적인 발명가는 일본의 마부치이다. 1950년 일본에는 비행기 완구가 한창 유행하고 있었다. 단순한 비행기 모양이 아니라 태엽을 돌리면 프로펠러가 돌면서 움직이는 비행기였다. 마부치도 이 비행기에 흥미를 갖게 되었다. 그러나 이 비행기는 1, 2분도 채 못 되어 멈추는 것이 단점이었다.

'이 프로펠러를 좀더 오래 돌릴 수 있는 방법은 없을까?' 하는

어떻게 이런 일이……

생각에 그는 태엽 대신 전지를 넣어 실험해 보았다. 그 결과 전지 하나로 열 시간 동안 움직이는 것이었다. 마부치는 즉시 전지식 모터로 된 완구 비행기를 특허 출원했다.

21. 전 차

전차가 발명된 것은 제1차 세계대전중의 일이었다. 전쟁이 시작되자 기관총이 널리 쓰여졌는데, 보병이 무심코 전진하다가 순식간에 총에 맞아 쓰러지고 말았다. 그러자 기관총을 되쏘면서 철조망을 짓밟고 나갈 신무기가 필요해졌다. 이때 영국의 스윈튼 대위가 쇠로 만든 무거운 수레를 무기로 쓰려고 실험을 했으나 부드러운 땅에 빠져서 쓸모가 없었다. 그 무렵 미국에서는 농장에서 쓰는 트랙터나 목재의 벌채에 쓰는 차에 캐터필터를 쓰고 있었는데 스윈튼 대위는 이것을 전차에 이용하려고 생각했다.

영국군은 즉시 전차를 전쟁터에 보냈으나 비밀을 지키기 위해 '음료수 운반 탱크'로 부르기로 했다. 그래서 전차를 탱크로 부르게 된 것이다. 제2차 세계대전은 탱크전 중심이 되었다.

22. 전 화

사람들의 일상생활을 바꾸어 놓은 통신 수단 중 가장 획기적인 것이 전화이다. 전화는 소리를 여러 가지 주파수의 전기 신호로 바꾸었다가 다시 원래의 소리처럼 들리도록 재생한 것이다. 1831년 영국의 마이클 페러데이는 금속의 진동을 전기신호로 바꿀 수 있다는 것을 증명했다. 이것이 전화의 이론적 기초지만 1861년까지는 아무도 이 원리를 이용하여 소리를 전송하지 못했다. 독일의 요한 필립 라이스는 소리를 전기 신호로 바꾸었다가 다시 소리로 전환하는 기계를 만들었다.

실용적인 전화는 미국의 엘리샤 그레이와 스코틀랜드 태생의 그레험 벨이 개발했다. 두 사람은 같은 날 동시에 특허 출원을 냈는데, 벨이 그레이보다 두 시간 빨라서 애석하게도 그레이는 특허를 얻지 못했다. 최초의 전화 통화는 1876년 3월 6일에 있었다.

23. 전화음성 변조기

TV에서 음성변조를 하듯이 이제 전화음성도 변조를 하여, 전화폭력에 대처할 수 있는 장치가 개발되었다.

전화는 여러 가지로 편리한 기계지만 전화폭력에는 속수무책이어서 전화번호를 바꾸는 등의, 다른 여러 방책을 강구하지 않으면 안 되었다. 그런데 이 장치를 이용하면 여자 음성을 남자음성으로 바꿀 수 있고, 개 짖는 소리 등의 소음을 배경으로 쓸 수도 있다.

이 전화음성 변조기를 발명한 회사는 미국 뉴욕의 포트체스터에서 보안장비를 제작하는 씨씨에스 통신 컨트롤사. 이 회사가 개발한 음성 변조기에는 목소리의 고저를 조정하는 다이얼과 배경 소음을 넣어주는 주정장치가 붙어 있다. 이 개발품은 여자 혼자 사는 집이나, 나이 어린 사람들만 있는 집에서는 요긴하게 쓰일 것이다. 개가 짖고, 철근을 두드리고, 굵은 남자 음성이 유효할 터.

어떻게 이런 일이……

24. 제 빙 기

　1949년 겨울 미국의 스키인들은 망연히 하늘을 쳐다보고 있었다. 눈이 내리지 않아 스키를 탈 수 없었던 탓이다. 그러나 모하크에 있는 한 스키장만은 달랐다. 월트 숀크네흐트가 운영하는 스키장에는 사람들로 초만원을 이루었는데, 눈이 한 번도 내리지 않았음에도 불구하고 스키장이 하얀 눈으로 가득 덮여 있었기 때문이다.

　월트는 스키를 무척 좋아하여 스키장을 개장했다. 그러나 눈이 많이 내렸을 때는 호황을 누렸지만 눈이 내리지 않는 겨울은 개장조차 할 수 없었다. 그는 고민 끝에 오래된 스키장을 찾아다니다 몇몇 사람들이 분쇄기로 얼음을 잘게 부수어 스키 점프대에 뿌리는 것을 보고 기발한 아이디어를 떠올렸다. 그리고 1950년 1월 월트의 스키장에는 거대한 얼음분쇄기가 설치되고, 수 백톤의 얼음이 알갱이가 되어 쏟아졌다.

25. 제트 엔진

　대기중의 공기를 빨아들여 이것에 연료를 가해서 태운 뒤, 연소한 가스를 대기중에 고속도로 분사시켜 비행기를 추진시키는 것이 제트엔진의 원리이다. 제트엔진은 영국의 공군소위 프랭크 휘틀에 의하여 발명되었다. 이로써 세계는 더욱 가까워졌으며 '지구촌'이라는 새로운 시대를 여는 계기가 되었다.

　1929년 당시 영국 워터링의 중앙비행학교에 다니던 휘틀은 프로펠러가 없는 비행기, 즉 제트엔진으로 나는 비행기를 구상하고 있었다. 프로펠러 추진식 비행기는 아무리 빨리 날아도 시속

700킬로 정도밖에 안 되었기 때문이다. 그는 공군성에서조차 실현 가능성이 없다고 결론지은 제트엔진에 대한 미련을 버리지 못하다가 케임브리지 대학에서 공부할 기회를 얻어 제트엔진의 연구를 계속했다. 마침내 제작이 완성되어 1937년 첫 실험을 거쳐 1941년에 성공하였다.

26. 종이

요즘 우리는 종이의 홍수 속에서 살고 있다. 종이처럼 인류의 문화발전에 크게 기여한 것도 흔치 않을 것인데 이것은 누가 발명했을까?

지금으로부터 3, 4천년 전 이집트의 나일 강변에 파피루스라는 수초가 자라고 있었다. 물에 불린 수초를 가지런히 펴 무거운 것으로 눌러 붙여 만든 것이 원시의 종이였다. 그러던 것이 오늘날에 와서는 용도에 따라 다양한 종류의 종이가 만들어지고 있다. 지금 우리가 쓰고 있는 종이는 1800여 년 전에 중국의 채륜이 처음 발명한 데서부터 비롯되었다. 채륜의 종이는 삼 따위의 식물섬유를 원료로 하여 만들었다. 그 후 이것은 세계적으로 널리 퍼졌고, 더 좋은 종이를 연구했다. 그 결과 1843년 독일 태생의 직물기술자 켈러가 나무를 잘게 부수는 쇄목펄프 방법으로 종이를 만드는 데 성공했다.

27. 종이 꼬리표

운송용 화물마다 어김없이 붙어 있는 종이 꼬리표도 어엿한 발명품으로 전세계 화물에 사용되고 있다. 발명가는 일본의 우에

어떻게 이런 일이……

조 히로지.

　우에조는 나가노라는 작은 마을에 살고 있었다. 그런데 처음으로 수도에 출장을 가게 되었다. 도쿄에 도착한 그는 설레는 마음으로 주위를 돌아보았다. 그의 눈에 가장 먼저 띈 것은 산더미처럼 쌓여 있는 화물이었다. 지방에서 수도로 부쳐오는 짐은 종류도 다양했고, 양도 많았다. 그런데 화물에는 모두 나무판자를 잘라 만든 꼬리표가 붙어 있었다. 순간 우에조는 고개를 갸웃거리며 '저 많은 화물에 나무판자 꼬리표라니. 종이로 만들어 붙이면 훨씬 편할 텐데……'라고 생각했다.

　고향으로 돌아온 그는 곧 종이 꼬리표를 만들어 실용신안으로 등록한 후 화물회사를 찾아갔다. 처음엔 비웃음을 면치 못했으나 2년 후, 성공했다.

28. 종이 쇼핑백

　미국 필라델피아에 효심이 지극한 한 소년이 살고 있었다. 소년의 가정은 매우 가난했다. 어머니는 매일 가방에 물건을 가득 담아 상점에 배달하는 일을 했는데, 모친의 힘겨워하는 모습을 가슴아파했다.

　어느 날, 소년은 어머니를 생각하며 종이쪽지로 가방을 접었다. 그런데 뜻밖에도 밑바닥이 네모난 '종이 쇼핑백'이 만들어졌다. 편리하고 가벼운 종이 쇼핑백은 순식간에 전세계로 퍼져나갔다. 소년의 가족은 큰 부자가 되었다. 그 때가 1887년이다. 이 소년의 이름은 찰스 스틸웰이다. 그는 '종이 쇼핑백'의 발명가로 기록되어 있다.

어머니를 돕겠다는 순진한 마음으로 만든 상품 하나가 소년
의 가정에 풍요를 안겨준 것이다. 부모님을 향한 효심은 하늘을
움직이고, 장수(長壽)와 풍요의 복을 받게 된다.

29. 종 이 컵

바쁜 현대생활에서 어느 장소에서나 쉽게 볼 수 있는 음료 자
판기. 이 자판기 시대가 가능한 것은 종이컵의 발명이 있었기 때
문이다. 음료 자판기 시대를 꽃피우게 한 사람은 누구일까?

미국 캔자스의 휴그 무어는 1907년 하버드 대학에 입학할 당
시만 해도 평범한 학생이었다. 그가 대학생이 되었을 때, 한 살
위인 형 로렌스 루엘렌은 생수 자동판매기를 발명하여 이름을 떨
치고 있었다. 그런데 형의 발명품에 사용되는 컵은 도자기여서 너
무 쉽게 깨지는 단점이 있었다. 형의 고심하는 모습을 안타깝게
바라보던 휴그 무어는 깨지지 않는 컵을 생각하게 되었다. 깨지지
않는 것은 종이, 종이는 물에 젖으면 찢어진다. 찢어지지 않게 하
는 방법 등을 논리적으로 생각하던 그는 물에 쉽게 젖지 않는 태
블릿 종이를 사용하여 종이컵을 발명하게 된 것이다.

30. 주 판

인간은 물건을 세기, 더하기, 빼기 등 간단하지만 복합적인
수학적 문제를 풀 수 있다. 이 능력이 점차 계발되어 고대인들은
마침내 수학을 터득하였고, 상업적인 것에서부터 기술적인 것에
까지 다양하게 응용하였다. 주판은 인류가 만든 가장 오래된 기계
중의 하나이다. 언제 만들어졌을까?

어떻게 이런 일이……

　　최초의 주판 형태는 기원전 3천년 경 메소포타미아에서 사용되었다. 이때의 주판은 평평한 판에다 모래를 담은 것으로 손가락이나 막대기를 이용하여 모래 위에다 표시하는 것이었다. 주판은 영어로 asacus인데 이 말은 고대어의 '먼지(dust)'에서 유래한 것이다. 주판은 그 후, 홈을 낸 판으로 개선되었다. 주판은 그리스와 인도에서도 발견되고, 190년 경에는 중국에 널리 퍼져서 현재까지도 많이 사용되고 있다. 숙련된 사람은 전자계산보다 빠르다.

31. 중고차 결함 찾는 장치

　　중고차 매매시장에 가보면 새차처럼 번쩍거리는 차들로 가득하여 어떤 차를 골라야 할지 몰라 당황하게 된다. 특히 초보운전자나 자동차에 대한 상식이 부족한 사람은 겉만 보고 차를 샀다가 수리비가 더 들어가는 경우도 종종 발생한다.

　　그런데 사고가 났던 차인지 아닌지, 페인트칠을 두 번 이상했는지 아닌지를 금방 알아낼 수 있는 장치가 개발되었다.

　　미국 플로리다 주의 프로모터카 프로덕츠사의 존 판스타인이란 사업가가 발명가이고, '스포트 로트 오토바다 게이지'라는 발명품이 중고차의 결함을 찾는 장치이다. 이 장치는 강력자석이 내장된 플라스틱 튜브와 숫자가 표시되는 계기판으로 구성되어 있다. 이렇게 자석을 주요 구성성분으로 만든 것은 페인팅이 두텁거나, 눈가림으로 메운 곳은 자석과 차체간의 끄는 힘이 약한 것을 토대로 그 결함을 쉽게 찾아낼 수 있기 때문이다.

32. 증기기관

　전력의 단위를 나타내는 데 쓰이는 기호 W(와트)는 증기기관을 발명한 영국의 발명가 와트의 이름을 따서 붙여진 이름이다. 와트는 증기기관을 발명한 사람으로 유명하지만, 그는 영국의 산업혁명을 주도한 대표적인 발명가로 그의 발명품은 증기기관 외에도 많다. 와트는 1736년 영국의 북부 스코틀랜드에서 목수의 아들로 태어났다. 그의 형제들은 몸이 약해 모두 죽었고, 그 또한 몸이 약한 탓에 어려서부터 운동보다는 산수를 더욱 좋아하여 산수반에 들어가기도 했다.

　장성한 와트는 1757년 글래스고 대학의 수학기계 기술자가 되었다. 그러던 어느 날, 와트는 뉴커먼의 배수기관 모형 수리를 의뢰받고, 그 원인을 찾던중 기관의 열효율이 나쁘다는 것을 알아내 콘덴서를 분리하는 착상을 얻었다. 이 착상으로 1769년 그는 로버크의 원조를 얻어 증기기관에 관한 최초의 특허를 얻었으며, 결국 완성했다.

33. 증기기관차

　1814년 조지 스티븐슨은 비로소 완전한 형태의 증기기관차를 발명해냈다.

　와트가 증기기관을 발명한 후, 그것을 응용한 증기기관차가 계속 만들어졌으나 모두 결함투성이였던 것이다. 조지 스티븐슨은 영국 뉴캐슬 근처의 어느 탄광촌에서 태어났다. 스티븐슨의 아버지는 탄광 안에서 증기기관에 불을 때는 화부였는데 스티븐슨의 소원은 느린 말이 석탄을 싣고 나오는 탄광 안에 들어가보는

어떻게 이런 일이……

것이었다. 그 소원은 곧 이루어졌고, 16세에 그도 아버지처럼 정식 화부가 되었다. 18세에는 기관실에서 일하게 되었다.

어려서부터 그의 꿈은 석탄을 느린 말 대신 증기기관을 이용하여 운반하게 하는 것이었는데, 이때부터 비로소 석탄 운반차를 연구하게 되었다. 결국 스티븐슨은 블렉켓이 만든 증기기관차의 시운전을 보고 결점을 찾아내 발명을 완성했다.

34. 지 렛 대

막대를 어떤 점에서 받쳐서 그 받침점 주위를 회전할 수 있게 한 것이 바로 지렛대의 원리이다. 대저울을 비롯해서 이 원리를 이용하여 효과적으로 힘을 작용케 하는 기구는 많다. 도르래나 회전축 등도 그 특수한 응용의 예라 할 수 있다. 이 밖에도 가위, 집게, 플라이어, 펌프 핸들, 병따개, 호두까기 등의 많은 생활용품들이 모두 지렛대의 원리를 이용하고 있다. 이 지렛대는 언제 발명되었을까?

바퀴와 같이 지렛대도 수많은 기계에서 찾아볼 수 있는 기본적인 도구의 하나이다. 지렛대의 원리는 선사 시대에 이미 알려져 있었으나 그것을 완벽하게 기술한 사람은 그리스의 수학가 아르키메데스이다. 지렛대는 일반적으로 물건을 들어올리는 딱딱하고 긴 막대를 가리키며 이 막대를 한 받침점 위에 올려 작동한다.

35. 지우개 달린 연필

미국 필라델피아 근처에 하이만이라는 소년이 살고 있었다. 아버지를 일찍 여의고, 가난한 살림을 꾸려가는 어머니를 돕기 위해 소년은 진학도 포기하고 그림을 그려 팔았다.

그런데 그림을 그리다보면 곧잘 지우개가 없어지고, 그것을 찾다보면 주의력은 떨어져 좋은 그림이 나오지 않자 소년은 연필 옆에 지우개가 있었으면 좋겠다는 생각으로 아이디어를 냈다. 연필 뒤에 양철을 감아서 지우개를 달아놓으니 여간 편리하지 않았다.

며칠 뒤, 소년의 친구가 와서 보고 그것을 많이 만들어 팔자고 했다. 이 지우개 달린 연필은 1867년 7월 특허가 나왔고, 친구는 그 권리증을 가지고 연필제조회사에 가서 팔았다. 연필 한 자루가 팔릴 때마다 매출액의 2퍼센트를 받은 하이만이 17년 동안 번 돈은 1천만 달러에 달했다.

36. 지카다비

버선처럼 생긴 것에 밑바닥 가장자리에만 고무창을 대서 만든 것이 지카다비이다. 이것은 노동자용 작업화로 일본의 농민들과 노동자들이 즐겨 신었다. 이 지카다비의 발명으로 탄생된 회사가 세계적 기업인 브리지스튼사다. 이 지카다비를 발명하고 대기업의 총수가 된 주인공은 누구일까?

1922년, 일본 큐슈지방의 소읍 쿠루메에 작은 작업장이 하나 있었다. 이 작업장은 이시바시라는 사람이 운영했다. 이시바시는 지카다비를 만들어 팔며 어렵게 생활하고 있었는데, 게다에 밀려 매출이 줄기 시작했다. 그래서 지카다비의 단점을 파악하여 개선할 결심을 한 그는 미국에서 수입되는 운동화를 보고 착안, 지카다비의 밑창과 가장자리에 고무를 붙여 새로운 지카다비를 만들었다. 일본인의 발에 익숙하고, 수명이 길어진 지카다비는 불티

어떻게 이런 일이……

나게 팔렸다.

37. 지 퍼

지퍼는 각종 운동복, 핸드백, 가방, 점퍼 등에 다양한 용도로 쓰이고 있는데 언제, 누가 발명한 것일까? 지퍼는 미국의 지트슨이 처음 만든 것이다. 그는 외출할 때마다 몸을 숙여 일일이 구두끈을 매는 번거로움이 싫어서 지퍼를 고안하게 된 것이다. 지트슨의 지퍼는 1893년 시카고 박람회에 출품되어 주목을 받았다.

그 때 구경꾼들 가운데 워커라는 육군 중령이 있었다. 그는 곧 지트슨에게 달려가 지퍼를 샀다. 그러나 워커는 지퍼를 자동으로 만들 수 있는 기계를 발명해야 했다.

무려 19년이나 걸려 자동기계가 완성되었으나 지친 그는 어느 양복점 주인에게 그것을 팔아버렸다. 양복점 주인은 지퍼를 복대의 지갑주머니, 해군복에 붙여 팔아 부르클린에서 제일 가는 부자가 되었다. 1921년, 굿리치회사가 지퍼를 점퍼에 붙여 팔면서 미국 전역으로 유행했다.

38. 지 하 철

우리 나라를 비롯한 세계 각국에서 서민의 발이 되고 있는 지하철은 모방에 의하여 탄생한 발명품 중의 하나이다. 수송의 역사상 가장 기발한 것으로 평가될 이 지하철도의 아이디어를 낸 사람은 영국의 찰스 피어슨이다. 피어슨은 두더지의 구멍을 보고 속으로 생각했다. '런던은 길이 좁아서 늘 복잡한데, 두더지 굴처럼 땅 밑으로도 길이 있다면 얼마나 편리할까?'

피어슨은 그냥 웃어넘길 것이 아니라고 생각하여, 오랜 시간 연구를 했다. 1843년 그는 연구한 결과를 들고 런던 시의회를 찾아가 세계 최초의 지하철도 시스템을 공개적으로 제안했다. 처음에는 미친 사람 취급을 받았지만 10년 뒤 그의 제안이 받아들여져 세계 최초로 지하철도가 뚫린 곳은 패딩턴의 패린던과 비숍스를 잇는 선이었다. 1863년 1월 10일이 지하철도의 생일이다.

39. 진공청소기

집안의 구석구석 먼지를 털어내주고, 남녀노소 구분없이 사용할 수 있게 해준 편리한 청소도구는 누가 만들었을까?

진공청소기는 공기 펌프를 거꾸로 돌리는 기본 아이디어를 응용한 것으로, 미국의 아이브 맥아피가 발명한 것이다. 1871년에 만들어진 맥아피의 기계는 증기기관을 동력으로 사용하며 거대하고 소음이 심해서 산업적인 용도로만 사용할 수 있었다.

1901년 진공청소기 회사의 사장인 영국 허버트 세실 부쓰는 전기 모터를 이용한 청소기를 최초로 개발했으나, 이것 역시 너무 커서 널리 사용되지는 못했다.

1907년 미국의 제임스 머레이 스팽글러가 가볍고 편리한 진공청소기를 만들어 냈다. 진공청소기는 모터에 연결된 팬, 바닥에 달린 흡착면, 그리고 먼지상자의 구조로 되어 있다.

어떻게 이런 일이……

1. 철 조 망

미국의 13세 소년을 세계 제일의 부자로 만들어 놓은 발명품이 철조망이다.

목동 조셉은 가끔 양들이 울타리를 넘어 이웃의 농장을 망쳐놓는 바람에 꾸중을 듣곤 했다. 그러다가 양들이 가시가 돋친 넝쿨장미 울타리로도 접근하지 않고, 기둥에 철사만 둘러친 울타리로만 넘나든다는 사실을 발견했다. 조셉은 대장간을 하는 아버지를 찾아가 철사 중간중간에 철사를 넣어 새끼처럼 꼰 철조망으로 울타리를 만들었다. 그러자 양은 한 마리도 철조망을 넘지 못했다. 조셉 부자는 목장주인의 도움을 받아 국내외에 특허 출원하고 공장을 세웠다. 때마침 제1차 세계대전이 터지면서 세계 각국에서 국경선용으로 쓰기 위한 주문이 쇄도하여 조셉 부자는 엄청난 돈을 벌 수 있었는데, 미국의 계리사 11명이 1년 동안 계산해도 모자랄 정도의 거액이었다고 한다.

2. 청 바 지

요즘도 전세계 젊은이들이 즐겨 입는 청바지는 실패를 딛고 일어선 대표적인 발명품으로 손꼽히고 있다. 발명가는 천막천의 생산업자였던 미국의 스트라우스.

1930년대 초 샌프란시스코에서는 많은 황금이 나왔다. 그러자 황금을 캐려고 몰려드는 사람들로 서부는 초만원을 이루었고, 전 지역이 천막촌으로 변해갔다. 스트라우스는 이로 인해 톡톡히 재미를 보고 있었는데 어느 날, 군납알선업자가 대형 천막 10만여 개의 천막 천을 납품하도록 주선하겠다고 제의했다.

스트라우스는 3개월간 주문량을 만들어냈으나, 군납의 길이 막혀 고민을 하게 되었다. 홧김에 술집에 들른 그는 광부들이 모여 앉아 헤진 바지를 꿰매는 것을 보고 천막 천으로 바지를 만들면 잘 닳지 않을 것을 생각하여 시장에 첫선을 보인 것이 전 세계로 퍼졌다.

3. 청 진 기

의사라면 누구나 하나씩 가지고 있는 것이 청진기로 환자를 진찰하는 데 가장 기초적인 의료기구이다. 청진기를 처음 발명한 사람은 라에네크.

그는 1781년, 프랑스 브르타뉴 지방에서 태어났다. 후에 전문 병리학자가 된 그는 35세 때 프랑스 루브르궁의 안 뜰을 산책하다가 아이들이 긴 막대를 가지고 노는 모습을 보게 되었다. 아이들은 나무막대를 서로의 귀에 대고 재잘거리며 웃고 있었던 것이다. 이것을 유심히 바라보던 라에네크의 머리 속으로 기발한 아이디어가 떠올랐다.

'옳지, 저런 식으로 심장의 소리도 들을 수 있을지 모르겠다!'

그는 자신의 진찰실에서 종이를 말아 여러 가지로 실험을 시작했다. 종이를 말아 묶어 통모양으로 만든 다음 그것을 환자의 심장

어떻게 이런 일이……

에 대보았는데 이것이 청진기를 사용한 최초의 청음진찰이었다.

4. 체 인

레오나르도 다빈치의 스케치 중에 구동체인의 그림이 있는데, 이 그림이 체인에 대한 세계 최초의 고안이다. 체인을 사용한 구동시스템에서는 1588년 경 라멜 리가 지은 「여러 가지의 기계」라는 책에 육지로 끌어올리는 기계에 이용되고 있는 그림이 나타나 있다.

1864년 제임스 슬레이터는 자전거 등을 구동할 수 있을 만한 강하고도 정밀한 체인의 특허를 취득했다. 살포드에 있었던 그의 공장에서는 그때까지 직물 기계용의 체인을 만들고 있었는데 스위스의 한스 레놀즈가 이것을 매수하여 1880년에는 부슈롤러식 체인의 특허를 취득했다. 구동체인은 널리 쓰이지 못하다가 산업혁명의 결과 일반적으로 쓰이게 된다. 1868년 프랑스에서 뒷바퀴를 체인으로 구동하는 최초의 자전거가 앙드레 기르메에 의해 탄생되었다.

5. 초고속 비행 캡슐

우리 나라 서울에서 미국이나 유럽을 가려면 10시간이나 넘게 걸린다. 그래서 미국, 일본, 유럽 등의 대형 항공기 제작회사들은 초고속 비행기를 개발하여 3~4시간으로 줄이려고 노력중이다. 그러나 이보다 더 혁신적인 비행체가 개발되고 있어 관련 업계와 사람들의 관심을 집중시키고 있다. 이 특수한 비행체의 이름은 마이크로웨이브 특수 캡슐이고, 이것을 개발중인 사람은 미국

란셀러 종합기술연구소의 항공우주공학담당 부교수인 레이크 미라보.

　미라보 교수는 이 캡슐을 만들기 위해 8년간을 연구에 매달렸고, 미항공우주국 전략방위사령부 등에서 60만 달러 이상을 지원했다. 이 연구의 핵심은 캡슐이 동체를 성층권으로 진입시켜 순식간에 목표지로 이동시킨다는 것으로 고도가 낮은 대기권에서 초강력 광선을 발사하여 캡슐 밑의 공기를 폭발시키는 것이다.

6. 초음파 탐지기

　어두운 동굴에서 박쥐는 어떻게 활동할까? 답은 간단하다. 초음파를 이용하는 것이다. 박쥐는 스스로 초음파를 방사하여 어둠 속에서도 장애물과 먹이를 손쉽게 찾아낸다. 초음파는 보통 2만 헤르츠 이상의 고음파를 말하며 사람의 귀로는 들을 수 없는 소리이다.

　초음파를 인간 생활에 이용하려는 시도는 제1차 세계대전이 막바지에 달했을 무렵부터 진행되었다. 프랑스의 P 랑즈벵은 어느 날, 자신의 정원을 걷고 있었다. 그 무렵 프랑스는 오랜 전쟁으로 엄청난 혼란을 겪고 있어 독일 잠수함을 격퇴시킬 획기적인 방법을 찾고 있었다. 그는 초조하여 발끝으로 돌멩이를 걷어찼다. 그때 발에 채인 돌이 물뿌리개에 맞아 날카로운 금속성을 내는 모습을 보고 문제해결의 실마리를 잡았다. 그 실마리는 바로 초음파였다. 그는 마침내 물 속에서도 사용 가능한 탐지기 발명에 성공했다.

어떻게 이런 일이……

7. 축 음 기

축음기는 원반에 홈을 파서 소리를 녹음하고, 바늘을 이용하여 이것을 소리로 재생시키는 장치이다. 오늘날 우리가 당연하게 생각하는 것들과 마찬가지로 소리를 기록한다는 아이디어도 19세기에는 공상소설에나 나옴직한 것이었다.

1857년 프랑스의 스코트는 메가폰 밑바닥에 얇은 막을 붙이고, 단단한 털을 단 다음 유연(油煙)을 칠한 종이를 원통에 감아 단단한 털끝이 여기에 닿는 장치를 만들었다.

최초의 축음기는 프랑스의 크로스와 미국의 에디슨이 각각 독자적으로 연구하여 1877년에 발명하게 되었다. 크로스는 축음기가 제대로 작동했는지에 대한 증거는 없고, 에디슨은 "메리는 작은 양을 가졌네"라는 노래를 직접 불러 녹음하는 데 성공했다. 에디슨의 최초 축음기는 아직까지도 남아 있다.

8. 축 전 지

최근 자동차나 트랜지스터 등에 이용되며, 배터리라고 말하는 것이 축전지를 이해하는 데 쉬울 것이다. 충전을 하여 몇 번이고 사용할 수 있는 전지이다.

자동차는 물론이고, 잠수함에 있어서도 원자력 잠수함이 아니라면 모두 축전지를 싣고 잠행한다. 축전지는 그 대부분이 납축전지이다. 음극이 납이고, 양극이 과산화납, 그리고 전해액이 황산이라고 하는 조합의 전지이다. 납축전지는 발명된 이래 백 년이 넘도록 사용되어 오고 있으나 재료가 납이므로 무겁다. 그래서 가벼운 축전지를 얻기 위해 노력해왔다.

에디슨은 니켈과 쇠를 전극으로 하고, 알칼리를 전해액으로
사용하는 알칼리 축전지를 발명하였다. 이것을 에디슨 전지라고
하는데 가볍기 때문에 주로 광산의 칸델라용 등에 사용되고 있다.

9. 추잉껌

전 세계 껌 애호가들의 사랑을 독차지하고 있는 추잉껌은 누
가 만들었을까?

일본의 야마모토는 제2차 세계대전으로 패망한 1945년 겨울,
동경에 주재한 미군부대 주변에서 수많은 어린이들이 미군들이
씹고 버린 껌을 줍기 위해 몰려드는 처량한 모습을 목격하게 되었
다. 그 모양을 지켜보던 야마모토는 일본에서도 껌을 만들 것을
결심했으나, 껌의 원료 중 하나인 고무가 없었다.

그는 고무를 대신할 새로운 원료를 찾아 나섰다가 전쟁중 방
적회사가 방탄비닐을 생산했다는 사실을 알아냈다. 고무 대신 비
닐을 쓰기로 하고 야마모토는 새로운 원료에 포도당과 박하를 넣
고 초산 냄새를 없앴다. 세계 최초의 추잉껌이 탄생한 것이다. 야
마모토는 대량생산을 위해 하리스(주)사를 설립하여, 일본 제일의
식품회사로 발전하며 세계 껌시장을 석권하였다.

어떻게 이런 일이……

1. 칼로리 없는 식용유

비만인 사람들에게 최고로 나쁜 음식 중의 하나가 기름일 것이다. 특히 식용유로 각종 요리를 해먹는 가정의 경우라면 그 고민은 더욱 심각할 것이다. 그런데 아무리 먹어도 비만 염려가 없는 식용유가 나와 희소식이 되고 있다.

미국의 한 식품회사가 개발한 이 식용유는 '올레스트라'라는 이름을 갖고 있는데 비만의 원인인 칼로리가 전혀 없는 것으로 알려졌다. 게다가 이 식용유를 이용해서 만든 튀긴 음식 또한 칼로리가 전혀 없는 다이어트용 식품이 된다는 것이다.

이 칼로리가 하나도 없는 식용유의 제조방법은 일급비밀에 속하고, 식품의약국(FDA)은 이 올레스트라의 시판을 허가했다고 한다. 후유증에 대한 경고문을 부착하는 조건으로 시판을 하게 된 이 식용유는 비만과 전쟁을 치르는 사람에겐 짱일 듯하다.

2. 커터 칼

종이를 자르거나, 연필을 깎는 데는 으레 커터 칼이 등장한다. 이 커터 칼은 어떻게 발명되었을까? 오노는 일본의 한 회사에서 전사지를 자르는 단순작업을 맡은 말단사원이었다. 누구나 경험해 보았겠지만 칼날은 쓰면 쓸수록 무뎌진다. 주문량은 넘치는데 칼날은 점점 말을 안 들어 오노는 번번히 곤욕을 치러야 했다. 그래서 생각해낸 것이 무뎌진 칼날을 강제로 부러뜨리는 것이었다.

'칼날을 자연스럽게 조금씩 자를 수 있다면 작업이 훨씬 수월할 텐데……' 이러한 생각에 골몰하던 어느 날, 오노는 우표를 만지작거리다가 우표와 우표 사이에 촘촘히 뚫린 바늘구멍에 눈이 갔다. 여기서 힌트를 얻은 오노는 칼날에 일정한 자름 선을 넣은 칼을 발명하게 되었다. 회사는 오노에게 후한 포상 후, 대량생산에 들어갔다.

3. 커피여과 필터

독일의 한 가정주부를 세계적인 기업가로 성장시킨 발명품이 있다.

독일의 드레스덴에 살고 있던 벤츠 일가는 1908년 어느 날 아침, 운이 나쁜 출발을 하였다. 프라우 벤츠는 화가 나 있었다. 비가 내렸고, 우유는 너무 뜨거웠고, 커피는 졸아 마실 수가 없었다. 화가 난 프라우 벤츠는 양철 그릇 바닥에 여러 개의 구멍을 뚫었다. 그 다음 압지를 동그랗게 오렸다. 그 압지를 큰 단지 위의 양철 그릇 속에 넣었다. 종이로 감싼 커피 가루에 끓는 물을 부었더니 필터가 모든 찌꺼기들을 걸러내었다.

프라우 벤츠는 그녀의 문제를 해결함과 동시에 커피 필터 또한 탄생한 것이다. 그녀의 이름은 멜리타이다. 사업은 1908년 멜리타의 집에서 시작하여, 지금은 손자들이 운영하고 있으며 멜리타사는 105국가에 상품을 팔고 있다.

어떻게 이런 일이……

4. 컬러사진

흑백사진은 단지 빛에 대한 감도만으로 충분하지만 컬러사진
에는 삼원색 각각에 대한 감도가 필요하다. 1849년 프랑스의 알렉
산드로 에드몽 베퀴에렐은 컬러사진을 찍는 데 성공했지만 영구
보존에는 실패했다.

그로부터 10년이 지난 뒤 영국의 물리학자 제임스 클럭 맥스
웰은 컬러사진에 대한 이론을 정리하기 시작하여, 1861년 합성 컬
러사진을 선보였다. 실용적인 총천연색 정지 사진을 1935년 레오
폴드 마네스와 레오폴드 고도스키가 개발했다. 그리고 코닥사와
특허 계약을 맺었다. 이것은 코닥크롬이라는 이름으로 출시된 후
60년간 산업표준이 되었다. 1937년 독일에서는 아그파 회사가 비
슷한 필름을 개발했고, 코닥은 1941년 컬러 네거티브 필름인 코닥
칼라를 선보였다.

5. 컬러 텔레비전

집집마다 컬러 텔레비전 몇 대씩은 보유하고 있는 것이 요즘
우리 나라의 현실이다. 누가 만들었을까?

1926년 영국의 베어드가 니프코의 원단을 이용하여 흑백 텔
레비전의 실험에 성공한 것을 비롯, 미국의 벨연구소에서도 컬러
텔레비전의 연구와 실험을 하고 있었다. 베어드는 흑백 텔레비전
의 실험에 성공한 이듬해인 1927년 컬러 텔레비전의 실험에도 성
공했다.

미국의 벨연구소에서도 1929년 실험에 성공했으나 모두 실용
적인 것이 아니었다. 베어드는 그 후에도 연구를 계속하여 1938년

대형의 컬러 텔레비전 수상기를 만들었다. 1949년이 되자 미국에서 처음으로 컬러 텔레비전 방송이 허가되었다. 이것은 C. B. S 회사의 골드마크가 고안한 것으로 순차식이었다.

6. 컴퓨터

인공두뇌시대의 개막으로 사람 대신 컴퓨터가 주어진 자료를 읽고, 계산하고, 분류, 집계하거나 결과를 인쇄하고 있다. 많은 부분에서 컴퓨터의 사용이 급격히 늘고 있어, 컴퓨터를 모르면 사회생활이 거의 불가능할 지경에 이르렀다. 이 컴퓨터는 어떻게 만들어졌을까? 미국 매사추세츠 공과대학 교수였던 로버트 위너는 수학자였다. 그는 어느 날 모든 교수들을 한자리에 모이게 하여 인간의 뇌의 작용에 대한 토론을 벌였다. 그 무렵 미국은 일본 비행기의 폭격에 대처하기 위해 속을 썩히고 있었다.

미군 당국에서는 인간의 뇌처럼 고도의 작용을 하는 고사포 조준장치가 필요하여 위너의 그룹은 고사포 조준장치를 개발했고, 컴퓨터의 역사는 여기서부터 시작되었다. 제2차 세계대전이 끝난 후, 컴퓨터는 차츰 가치를 인정받게 되었다.

7. 코카콜라 병

요즘은 각종 음료수의 다양한 병모양이 선을 보이고 있지만, 아직도 돋보이는 코카콜라 병은 여전히 코카콜라의 심벌처럼 자리잡고 있다. 누구의 작품일까?

1923년 미국의 시골마을 조그만 유리공장에서 청년 로드는 유리병을 만들어서 부수고, 또 만들어서는 부수고 하는 일을 반복

어떻게 이런 일이……

했다. 그 무렵 유리병이 물에 젖었을 때 잘 미끄러지지 않고, 병에 든 양이 많아 보이는 병이어야 한다는 두 가지 요구가 있었기 때문이다.

그러던 어느 날, 루드에게 애인이 찾아왔다. 그녀는 엉덩이의 선이 예쁘게 드러나는 주름치마를 입고 있었다. 애인을 물끄러미 바라보던 루드는 곧 치마모양을 병에 재현시키게 되었고, 이 발명품을 코카콜라사가 채택하였다. 루드의 성공담은 전 미국인에 알려져 콜라 병을 쥘 때마다 야망에 부풀었다고 한다.

8. 코카콜라 원액

스캔들이 있어 화제가 된 음료수가 있다. 그것은 바로 코카콜라. 만드는 법부터 비밀에 싸여 있고, 많은 역사적 인물들과의 연관까지 새로운 이야기들이 끝이 없다. 스타에게 항상 이야깃거리가 있는 것과 같은 이치이다. 이 유명한 음료수를 탄생시킨 사람은 누구일까? 펨퍼튼과 캔들러라는 두 사람으로 발명자와 전파자이다.

약국을 운영하는 캔들러에게 어느 날, 한 남자가 찾아들어 작은 보따리에서 병에 든 검은 빛깔의 물을 권했다.

"이것은 제가 만든 음료수입니다. 한 번 맛보세요. 저는 펨퍼튼이라 합니다" 캔들러는 낯선 남자가 내미는 음료를 마셔보고, 곧 5백 달러에 비법을 샀다. 5년 동안 약국을 하여 모은 전 재산을 날렸다고 비웃던 친구들도 콜라의 맛을 보고는 모두 매료되었다. 드디어 줄지아라는 작은 농촌에 공장이 세워지고, 캔들러는 갑부가 되었다.

9. 코팅된 식물뿌리

　병충해로부터 농작물을 보호하는 방법은 여러 가지가 있는데 뿌리를 보호하는 방법은 많지 않았다. 그런데 이제 뿌리를 원천적으로 보호하여 기생충과 병충해로부터 보호해 주는 방법이 나왔다. 이 방법은 오이나 호박 같은 식물의 뿌리를 코팅하는 방법으로 미국 메릴랜드 주 벨스트빌에 있는 농무부의 미생물학자들에 의하여 개발되었다.

　수많은 박테리아 중에서 이로운 박테리아를 골라 씨의 표면을 코팅시켜 땅에 뿌리면 이 코팅된 씨에서 나오는 뿌리도 자연스럽게 코팅이 된다. 이렇게 코팅된 식물뿌리는 곰팡이에 의한 부패로부터 보호받을 수 있다. 방법은 곰팡이가 필요로 하는 영양의 공급을 차단하여, 원천적으로 퇴치하도록 되어 있다. 앞으로 농작물에 뿌리는 화학 살균제 대신 뿌리 코팅이 유행할까?

10. 콘플레이크

　이제 우리 나라의 어린이나 바쁜 현대인들이 식사대용으로 간편하게 먹고 있는 콘플레이크는 실험 도중 실패하여 생겨난 발명품이다.

　1894년 미국의 윌 켈로그는 요양소의 주방에서 한숨을 쉬고 있었다. 별다른 재주도 없고, 교육도 제대로 받지 못해 전전긍긍하던 그가 그나마도 유명한 베틀크리그 요양소에 일자리를 얻은 것은 원장인 형 존 하베이 켈로그박사 덕분이다.

　그러나 윌은 희망 없는 나날을 보냈다. 윌은 환자들에게 줄 새로운 오트밀을 개발하는중이었는데, 가마솥에 넣은 밀가루 반

죽을 꺼내는 것을 잊고, 형의 부름에 응했다. 다음날 주방에 들어
간 윌은 할 수 없이 그 반죽을 그대로 롤러에 집어넣었다. 기계에
서 나온 것은 조각조각 부서진 밀가루였다. 그것을 튀겨 환자에게
내놓은 결과, 칭찬을 들은 윌은 플레이크를 만들어 냈다.

11. 콜레스테롤 없는 달걀

비만인 사람이나, 날씬한 몸매를 유지하려는 여성, 건강을
중요시하는 모든 사람들에게 환영받는 달걀이 나왔다. 미국의 마
이클 푸드라는 식품회사가 개발한 이 달걀은 콜레스테롤을 80%
까지 제거하여 우유팩처럼 포장해 냉장고에 보관할 수 있도록 하
였다.

이 달걀의 제조법은 우선 보통 달걀의 노른자와 흰자를 분리
하는 데서부터 출발한다. 분리된 노른자에 베타사이클로 데스트
린이라는 녹말을 섞어서 잘 혼합하면 녹말은 달걀에 들어 있는 콜
레스테롤과 결합하게 되고, 이것을 원심분리기에 넣어 돌리면 노
른자와 녹말이 분리가 되는데 분리된 노른자는 콜레스테롤이 거
의 없는 달걀이 된다. 이 노른자와 남아 있는 흰자를 다시 섞으면
일반 달걀과 거의 똑같게 되는데 이것을 먹기 좋게 팩에 포장하여
판매하는 것이다.

12. 콤팩트 디스크

축음기의 발명 이후 레코드 음악 시장에 가장 큰 변혁의 바람
이 불어온 것은 1979년 경 컴퓨터와 레이저 기술이 만나면서부터
였다.

콤팩트 디스크, 즉 CD는 일본의 소니와 네델란드의 필립스가 독립적으로 개발했지만, 세계 표준의 확립은 결국 두 회사 모두에게 이익이라는 생각에서 양사는 공동 노력을 기울였다. 콤팩트 디스크가 상업적으로 실용화된지 얼마 지나지 않아 전통적인 음반(LP)시장을 압도하기 시작하였다.

1990년대에 들어서자, 음악가들이 새로 내놓는 작품을 LP로 만들지 않게 되어 LP는 북미와 유럽의 레코드 가게에서 점차 사라지기 시작했다. 콤팩트 디스크는 LP에 비하여 닳거나 긁히지 않아 수명이 길고, 음질이 좋으며, 표면 잡음을 완전히 제거한 것 등이 장점이다.

13. 크 레 인

크레인, 기중기라고 하는 이것은 언제 만들어졌을까? 크레인이 만들어진 정확한 때는 추측할 수 없다. 크레인에 대한 최초의 기술은 비트루비우스와 헤론의 저작에 나타나며, 무덤 정면에 조각되고 있는 크레인이 웅장한 로마 조각에 새겨 있다.

크레인은 중세의 교회에서는 건축재료를 들어올리기 위한 도구로 일반적으로 사용했고, 재료를 지붕 위로 들어올리는 데 쓰였으며 3개나 4개의 기둥을 이용하는 기중기도 사용되었다. 높은 탑이나 고딕 건축물의 앞끝에는 그 전의 건조물에 쓰이던 것보다 가벼운 돌이 쓰였으나, 높이에 있어서는 과거의 것과 비교가 되지 않았다. 그래서 지브 크레인이 발명되었다. 경첩으로 움직여지는 지브가 반원을 그리며 자유로 선회하는 크레인은 14세기 유럽의 부두에 처음 등장했다.

어떻게 이런 일이……

1. 타액테스트 거울

두 개의 작은 거울로 만들어져 타액 속에 나타난 병원균의 징후를 알아내는 현미경이 발명되었다. 캐핑거는 자이레의 한 지역에서 교사로 근무하는데, 어느 날 그녀가 없는 동안 한 살짜리 아들이 선반의 항생제 병을 건드리는 바람에 마룻바닥에 떨어져 깨져버렸다. 흩어진 알약을 보고 사탕으로 잘못 안 아기가 그것을 빨아먹었다.

그녀는 아기를 병원에 데리고 갔지만 너무 늦었다고 했다. 이 때부터 병의 치료방법과 약학에 관심을 갖게 된 캐핑거는 상가루방구 병원에 부속 진료소를 개업하고, 타액 테스트 현미경을 만들게 되었다. 이것을 상가루방구 병원에서 완성하는 데 20년 이상 걸렸다고 한다. 타액 속에는 칼슘, 마그네슘, 무기 인산, 염소, 탄산가스를 찾을 수 있는데 이런 모든 것은 혈청 속에서는 찾을 수 있으며 발명품을 통해 많은 병을 찾아낸다.

2. 타자기

요즘 우리 생활의 일부가 되고 있는 타자기 발명의 역사는 실로 오래 되었다. 1714년에 헨리 밀, 1829년에 오스틴 바티, 그리고 1833년에 프리잰이 각각 특허를 받아 타자기의 원조로 알려졌지만, 실용화될 정도의 수준은 아니었다.

　　오늘날 사용되고 있는 타자기의 원리를 생각해낸 사람은 숄즈이다. 숄즈는 철공소의 공원으로 동료인 그리든과 함께 '책의 쪽수 번호 달기 기계'를 만들고 있었다. 그러던 어느 날, 그리든이 숄즈에게 엉뚱한 제안을 했는데, 번호 달기 기계로 숫자와 함께 글자까지 쓸 수 있도록 하자는 것이었다. 숄즈는 인쇄소를 경영하는 새뮤얼 소울에게 협조를 얻어 나무로 된 타자기의 실물 모형을 만들었다. 숄즈의 타자기는 재봉틀과 총기를 생산하던 레밍턴사에 의해 생산되었다. 숄즈에게는 엄청난 거금이 쥐어졌다.

3. 타지 않는 천

　　극장은 화재가 일어날 염려가 많은 곳인 만큼 일단 화재가 일어나면 많은 사상자가 생길 것이라고 한다. 그 이유는 무대의 장막을 통해 불이 금새 확대되어버릴 수 있기 때문이다.

　　그래서 무대 장막이나 커튼류는 불연성의 천으로 만드는 것이 요구된다. 불연성 목재, 천을 종래에는 나무나 천에 황산 암모늄, 인산 암모늄, 몰리브덴산 암모늄 등의 염류를 스며들게 한 것이 많다. 그것은 불꽃이 생기지 않아서 잘 퍼져나가지 않는 특징이 있고 불도 잘 붙지 않는다. 타지 않는 광물 섬유에는 석면이 있으나 최근에는 유리 섬유가 발달하여 튼튼하고 아름다운 불연성의 천이 만들어졌다. 또 유기물계의 타지 않는 천도 만들어졌다. 아크릴계의 섬유를 태워서 탄화시킨 것으로 흑연화섬유라고도 한다. 이것은 항공부품, 보트, 방화복 등에 쓰인다.

어떻게 이런 일이……

4. 탄광 통풍 장치

갱 속에서 일어난 한 사고가 발명가를 만든 사진 한 장이 있었다. 그것은 소련의 빅토리아가 열두살 때 일로 그녀의 아버지는 사진 속에서 한 광부의 절단된 다리를 옮기는 장면이었다. 정형외과의사인 빅토리아의 아버지는 광산이 밀집해 있는 지역에서 사고 희생자들을 위해 많은 일을 하고 있었다. 빅토리아 역시 아버지의 뒤를 잇기로 결심하고 기술과학 전공자가 되어 광부들을 위한 봉사에 헌신하였다. 특히 그녀는 메탄가스를 비롯한 유독성 가스가 갱의 표면에 있으며, 그 온도가 30℃나 되므로 광부들이 견딜 만한 환경 속에서 일하려면 계속적으로 신선한 공기를 공급해 주는 것이 필수라는 것을 깨닫고 환기장치를 발명했다. 그리고 그녀가 발명한 송풍기 덕에 많은 광부들이 생명을 던졌다. 그녀는 전 생애를 광산 지역에서 보냈다.

5. 탐 침

"바늘 하나로 세계시장을 재패하다"

대부분의 사람들은 이 말의 뜻을 잘 이해하지 못할 것이나, 이것은 실제 일어났던 일이다. 이 신화의 주인공은 영국 레니쇼사의 사장 데이비드 멕머트리. 레니쇼사가 이룬 기적의 도구는 보통 바늘이 아닌 공작기계 절삭면의 치수 측정에 쓰이는 탐침이다. '어떻게 하면 오차를 줄일 수 있을까?' 영국의 항공기 엔진 제작업체인 롤스로이스사의 기술자인 멕머트리는 엔진 설계도면과 부품들을 놓고 생각에 잠겼다. 비행기 엔진에서 정밀도는 인간의 생명을 좌우하는데 부품이 설계도 대로 되어 있지 않았기 때문이다.

원인은 절삭기에 있는 탐침이 물체에 닿을 때 약간씩 흔들리게 되어 오차가 생긴 탓이다. 멕머트리는 바늘에 감지장치를 달아 수평·수직의 흔들림을 알아내 치수를 고치는 탐침을 개발하여 세계시장을 석권하게 되었다.

6. 태양전지

태양은 항상 지구상의 생물에게 빛과 따뜻함의 원천이 되어왔다. 태양광선을 광학적으로 초점을 맞추어 불을 붙이는 것은 아르키메데스에 의하여 이론이 정리되었고, 최초의 렌즈가 개발된 뒤부터 사용되어왔다.

19세기에 프랑스의 라브아지에는 산업용으로 많은 열을 얻기 위해 태양광선을 집적시키는 태양로를 만들었고, 파리의 만국박람회에서는 집적된 태양에너지로 작은 증기기관을 움직였다. 1954년 벨연구소의 퀠빈 풀러와 고든 피어슨이 규소 광전지를 개발하여 막대한 예산을 절감할 수 있었다. 그 덕분에 궤도 우주선에 실용적인 규소 태양전지를 장착할 수 있게 되었다.

우주 공간에 태양이 있는 한 태양전지는 닳을 염려가 없다. 우주선 개발 계획으로 만들어진 규소 태양전지는 다른 광전지보다 월등하여 넓게 사용된다.

7. 태 엽

손목시계나 회중시계에는 큰 진자, 즉 흔들이를 쓰지 못한다. 또 배의 위치를 알기 위해 정확한 크로노미터를 필요로 하는 배시계에도 진자는 난점이 있다.

어떻게 이런 일이……

　　1670년대 네덜란드의 호이슨은 소형 태엽이 제어하는 시계기구를 창안했다. 용수철의 신축성에 의하여 평형 고리가 진자와 똑같은 동시성을 나타내면서 진동을 일으키는 것이다. 1675년 호이슨이 그 시계를 공표했을 무렵, 놀랍게도 이미 그를 앞지른 사람이 있다는 것을 알게 되었다. 최초의 그것을 생각해냈다고 주장한 사람은 영국의 로버트 후크였다. 그는 1658년에 소형 태엽의 정시기구를 가진 시계를 설계한 신형 시계를 제조하기 위해 회사를 만들려고 했으나 실패했던 것이라고 주장했다. 지금은 호이슨의 시계에는 나선형의 가는 줄 태엽이 사용되었음이 확인된다.

8. 테이프 레코더

　　'소리를 기록할 수 있다면……'

　　이 생각이 테이프 레코더의 발명을 가능케 하였다. 영국의 스코트는 이렇게 소리의 진동을 연구하다가 진동판에 털을 붙여서 이 진동을 종이에 통과시키는 방법으로 소리를 기록하는 데 성공했다. 그러나 스코트는 소리를 기록하는 데는 성공했지만 그것을 다시 살려 재생시킬 수는 없었다.

　　'기록된 소리를 다시 재생시킨다면……'

　　이 생각 끝에 에디슨이나 벨, 베를리너 등이 축음기를 완성하고, 녹음과 재생을 가능하게 했다. 그 무렵, 덴마크의 포르센은 자기를 이용하여 음파를 철선 위에 기록할 생각을 하고 있었다. 결국 포르센은 1898년 자기 녹음장치를 완성하였다. 이것을 본 독일의 프로이머는 철 대신 종이 위에 쇳가루를 발라 축소시켰다.

9. 테 플 론

　음식이 눌어붙지 않게 하는 테플론은 프라이팬, 냄비 등에 사용되어 가정주부들이 요리하는 데 훨씬 편리함을 더해 주고 있다. 테플론이라는 이름으로 시장에 나온 것은 PTEE수지로, 부식성 물질에 쓰이는 파이프, 절연체, 펌프 가스켓 등에 사용되었다.

　1954년 12월 프랑스의 기술자 루이 아르트망과 마크 그레고 아르는 테플론으로 냄비 바닥을 피복하면 음식이 눌어붙지 않는다는 것을 알아냈다. 이 두 프랑스인의 발견은 요리기구의 혁명을 가져오게 했다. PTEE수지는 산에 강하고, 절연성이 좋은 물질이다. 이 PETT수지는 1938년 4월 듀퐁사의 화학자 T. 플렁켓이 발견했다. PTEE란 플리테트라풀루오르에틸렌 수지이다.

10. 텔레비전

　오늘날 우리에게 가장 많은 양의 정보를 주고 있는 대중적인 매체는 아마도 텔레비전일 것이다. 네티즌들은 인터넷이라고 할지 모르지만, 어린이에서부터 노인까지를 포함한다면 아직도 텔레비전의 비중이 클 것이다. 게다가 요즘은 초기의 단순한 방송에서 더욱 진보한 위성통신을 이용한 발전된 텔레비전 방송에 세계가 좁아졌음을 누구나 실감한다.

　이처럼 텔레비전 시대를 가능하게 한 텔레비전의 최초 발명자는 누구일까? 그는 영국의 존 베이드라는 사람이다. 베이드는 일찍부터 셀렌을 이용하여 텔레비전을 만들겠다는 꿈을 가졌다. 그러나 그는 전쟁과 생활고로 건강을 잃어 남해안의 작은 마을에서 휴양을 하게 되었다. 거기에서 그는 마분지로 원판을 만들고,

어떻게 이런 일이……

작은 구멍을 뚫어 모터로 돌려서 생긴 빛을 렌즈에 모아 스크린에 받아 모았다. 이 원리가 텔레비전의 시초가 된 것이다.

11. 토니파마

　미국 시카고에 네이슨 헐리스라는 40대의 남자가 조그만 미용재료상을 하고 있었다. 어느 날, 헐리스는 재료를 납품하러 근처 미용실에 갔다. 그때 미용실에는 여러 명의 여인들이 파마를 하고 있었고, 거기에 자기 아내도 있었다.

　그러나 커다란 통을 뒤집어쓰고 머리에 여러 가닥의 전선이 늘어져 걸려 있어 뜨거운 전열을 받고 있는 모습은 보기에도 딱했다. 게다가 오랜 시간 동안 고문 아닌 고문을 받아야 하는 여인들을 보다가 헐리스는 집에서 간편하게 할 수 있는 파마기구를 만들기로 결심했다. 그는 참고서적을 찾아보고, 전문가의 자문을 받으며 웨이브액을 고안하고, 중화제, 권모기 그리고 고무밴드 등을 완성시켜 예쁜 상자에 넣어 판매하였다. 그의 예상대로 여인들은 이 편리한 미용기구를 사려고 줄을 섰다. 한국의 여인들도 토니파마를 즐기고 있다.

12. 톱니 달린 꽃삽

　정원을 손질할 때 쓰는 톱니 달린 꽃삽은 제초작업을 할 때 매우 편리한 도구이다. 이것을 발명한 사람은 일본의 고다마이다. 그는 어느 날, 모종삽으로 정원의 잡초를 뽑고 있었다. 그런데 잡초가 넓게 뿌리를 뻗고 있어 좀처럼 쉽게 뽑아지지 않았다.

　잠시 짜증을 내던 그는 곧 생각을 바꾸어 어떻게 하면 억센

잡초를 쉽게 뽑을 수 있을까 궁리하게 되었다. 여기저기 퍼져있는
잡초의 줄기를 자르고, 작은 뿌리들도 파낼 수 있도록 꽃삽을 개
선하기로 한 고다마는 삽의 양쪽에 톱니를 달기로 했다. 그는 즉
시 톱니의 날을 가는 줄로 삽에 톱니를 만들었다. 그 결과 가장자
리의 뿌리가 잘 끊어져서 제초작업에 능률이 올랐다. 이 발명은
유명한 농기구 회사에 팔려 100만엔의 로열티를 안겨 주었다.

13. 톱밥으로 유출기름수거

유조선 같은 대형선박이 사고를 당하면 문제가 되는 것이 인
명구조와 기름유출에 관한 것이다. 바다를 오염시켜 지구 전체의
환경에 막대한 영향을 주는 기름유출에 관한 문제를 해결케 한 발
명 중 하나가 톱밥으로 청소하는 방법이다. 이것을 개발한 사람은
미국의 콜로라도 광산대학 연구교수인 토마스 리드.

그는 술집 주인이 바닥에 엎지른 맥주를 톱밥을 뿌려 제거하
는 것을 보고 힌트를 얻어 이 연구에 착수했다. 보통의 톱밥을 특
수하게 열처리하여 물은 흡수하지 않고, 기름만 흡수할 수 있도록
한 이 특수톱밥은 부피의 80%까지 기름을 빨아들인다. 또한 기름
을 흡수한 톱밥을 재처리하면 원유를 거의 모두 추출해서 산업용
원료로 다시 사용할 수 있는 경제성 또한 뛰어나기 때문에 곧 실
용화될 것이며 모기업에서 생산을 서두르고 있다.

14. 통신위성

그리 비싸지 않은 비용으로 지구 어디에나 즉각적으로 통신
을 가능하게 하여 우리의 생활에 커다란 영향을 미친 것이 통신위

어떻게 이런 일이……

성이다. 지구의 정지 궤도에 떠 있는 통신위성이 지구 자전 방향
과 같은 방향으로 적당한 속도를 유지하며 회전함으로써 지구상
에서 보면 정지해 있는 것처럼 보인다.

　우주 공간에 떠 있는 물체로 마이크로파를 반사시켜 원거리
통신을 하는 방법은 1945년 영국의 기술자이자 공상 소설가인 아
서 C. 클라크에 의해 언급된 적은 있지만 1957년에서야 최초로 제
작, 발사되었다. 최초의 통신 위성은 1958년 12월 18일에 발사된
미 육군의 SCORE이었다. 이 위성의 임무 중에는 아이젠하워 대
통령의 크리스마스 축하인사도 포함되었다.

15. 통 조 림

　요즘 백화점이나 마트에 가면 온갖 통조림들이 각양각색으로
진열되어 주부들을 유혹한다. 참치, 과일, 커피, 장조림, 햄, 콘,
골뱅이 등 종류도 다양하다.

　이 통조림은 병조림의 단점을 보완하여 세상에 나온 뒤, 통조
림 문화시대를 열게 한 것이다. 누가 발명했을까? 주석 기술자인
튜란드는 병조임을 워낙 즐겨 먹다보니 자연히 단점을 발견할 수
있었다. 어느 추운 겨울날, 아침부터 주문받은 주석 깡통을 만들
던 튜란드는 점심시간이 되자 병조임을 꺼냈는데 너무 차가워 먹
을 수가 없었다. 궁리 끝에 주변에 널려 있는 깡통에 병조림을 쏟
아붓고, 난로에 끓여 보았다. 맛있는 점심식사를 끝낸 그는 병내
신 깡통을 쓰면 깨질 염려도 없고, 데워먹을 수도 있겠다는 생각
에 통조림을 만들어 보았다. 인기는 대단했다. 1819년의 일이다.

16. 트레일러

미국 디트로이트의 그라티오트 거리에 10여 명의 직원을 두고 대장간을 하고 있는 오거스트 C. 풀하프라는 대장장이가 있었다. 어느 날, 대장간에 찾아온 고객 한 사람이 이렇게 말했다.

"호수에 보트를 운반하는 도구를 만들어주지 않겠습니까? 풀하프씨!"

당시로선 무리한 요구라고 생각했으나 긍지 있는 기술자라면 한 번 해 볼 만한 일이라고 생각한 풀하프는 승낙해버렸다. 그리하여 기술자들과 함께 머리를 짜내어 만들어 낸 것이 당시 인기있던 1911년형 T식 포드를 견인차로 사용하는 짐차였다. 아들 로이 역시 기술이 대단했는데, 1956년 시랜드사가 160대의 트레일러를 배에 싣고 출항하려고 할 때 컨테이너 수송에 관련되는 기술적 과제의 일부를 해결했다.

17. 틀니

고대 세계 최고의 치과의사였던 에트루리안은 기원전 700년 전 금의 가공 의치에 의한 틀니를 만들었다. 의치는 뼈나 상아를 깎아 만들거나 또는 사람의 이로 만들었다. 18세기 초, 파리의 치과의사 포샤르는 위의 모든 틀니와 밑의 모든 틀니를 철의 용수철로 고정시키는 것을 고안하고, 윗니를 고정시키는 데 성공했다. 그러나 입을 다물고 있으려면 끊임없이 힘을 주고 있어야 했다. 1달러 지폐 초상의 조지 워싱턴 입을 보면 알 수 있듯이 비뚤어진 이 때문에 몹시 시달림을 받았다.

19세기의 중요한 치과 기술은 미국에서 고안되었다. 이 새로

어떻게 이런 일이……

운 이는 크로디어스 아슈의 고안으로 만들어졌다. 아슈의 발명품에 또 한 가지 발명이 첨가되었는데, 찰스 굿이어가 발명한 황으로 경화시킨 고무를 이용했더니 값이 싸고, 간편하였다.

18. 티 백

지금은 홍차나 녹차 심지어 원두커피까지 티백 포장이 되어 있어 차를 마시는 일이 한결 간편해졌다. 이 티백도 발명품이어서 독점 기간인 10년 동안은 아무나 손댈 수 없었다. 어디에서 누가 고안했을까?

따끈한 물이 담긴 주전자에 말린 홍차 잎을 넣어 알맞게 맛을 우려내는 일은 쉬운 일이 아니다. 또한 까다로운 일본의 다도 습관으로 차를 마신다는 것은 여간 번거로운 일이 아니었다. 그런데 립톤 홍차회사의 사원이 티백(tea bag)을 고안하여 1961년에 실용신안으로 등록하면서 폭발적인 매상고를 올리게 되었다. 티백 포장으로 홍차가 판매되자 홍차는 한 잔씩 간편하게 마실 수 있는 대중적인 차로 자리잡았으며, 바로 이 점이 큰 인기를 끌어 티백의 립톤 홍차는 전세계적으로 팔리게 되었다.

1. 파도 이용 전력생산

자연을 이용하여 전기를 만들어 내는 방법은 여러 가지가 있다. 풍력, 수력 발전 등……

이번에는 바닷물 특히 파도를 이용한 발전이 영국 퀸즈 대학의 토목 공학자들에 의하여 개발되었다. 파도를 이용한 이 전력생산 방법은 해안선을 따라 대규모의 콘크리트 용기를 만드는 것으로부터 시작된다. 토목공학자들이 영국의 이슬레이션 해안에 설치한 콘크리트 용기는 120입방미터로서, 이 용기로 파도가 쏟아져 들어와 용기 속의 공기를 압축하게 되고, 다시 밖으로 빠져나가면서 용기 속을 진공 상태로 만들도록 고안하였다. 이렇게 대규모의 공기가 들어왔다 나가는 과정이 반복되고, 압축과 진공이 되풀이되면서 특수하게 설계된 터빈이 1분에 1500번 정도 돌아가게 된다. 이슬레이섬에서 생산된 전력은 포트나헤븐 마을의 200가구가 쓸 만큼 넉넉하다고 한다.

2. 팥 빵

요즘은 아이디어 시대이다. 훌륭한 사업가 중에는 자본이 없어도 아이디어만으로 성공한 경우가 많다. 일본의 기무라가 그 좋은 예이다.

어떻게 이런 일이……

기무라 야스베는 제과점을 개업했다. 그러나 아무리 애를 써도 장사가 잘 되지 않자 여러 가지로 생각해보았다. 그는 며칠 동안 새로운 빵에 대한 연구를 했다. 그러던 어느 날, 만두를 먹다가 기막힌 아이디어를 떠올렸다. 만두처럼 빵 속에 일본인들이 좋아하는 단팥을 넣기로 하고, 팥빵을 만들어 가게에 내놓았던 것이다. 그러자 팥빵은 날개 돋친 듯 팔려나갔다. 팥빵의 인기는 날로 상승했고, 기무라는 이것으로 큰 부자가 되었다. 이것이 팥빵의 시초이며, 기무라가 유명해진 것은 이 아이디어 덕분이었다. 그는 이런 아이템을 계속 고안하여 일본 제일의 제빵업자가 되었다.

3. 패션의 개발

요즘 우리 나라에서도 개량 한복이 나와 많은 사람의 사랑을 받고 있지만, 전통옷의 개발이라는 아이디어로 히트 상품을 내 성공한 사람이 있다.

일본 게이붕(주)사의 오오에 사장이다. 오오에는 32세까지 샐러리맨이었으나 섬유상사의 과장을 그만두고, 두평 남짓한 공간을 마련하여 게이붕을 창립했다. 창업과 더불어 그가 개발해낸 것은 대중들로부터 버림받고 꺼져가던 전통옷 경우선(京友禪)의 획기적인 개량이었다. 그는 미술관이나 전람회, 음악회 등에 자주 참여하여 3년 후의 도안을 미리 준비하고, 소비자 기호의 흐름을 예측하여 유행을 창조하고 있다. 요즘에는 시대감각이 승부를 결정하는데, 젊은이들에게 지지 않겠다는 각오 때문이다. 그의 혁명적인 행동은 상품 개발에 그치지 않고, 카탈로그에 의한 판매촉진 그리고 캐릭터 상품, 이미지 사업에도 적극 뛰어들고 있다.

4. 팩시밀리

　전화선을 이용하여 화상을 전송하는 팩시밀리는 1980년대에 와서야 일반화되었고, 텔레팩스 또는 팩스라고도 부른다. 기술적인 것은 1843년 영국의 알렉산더 베인이 진자가 달린 펜 두 개를 전선으로 연결한 장치를 이용하여 전도성을 띤 표면에 화상을 전송하는 데 성공하면서부터 시작되었다.

　1862년 이탈리아의 물리학자 지오반니 가젤리는 팬텔리그래프라는 기계를 발명했는데 이것은 베인의 발명을 기초로 동시화 장치를 덧붙인 것이었다. 그의 팬텔리그래프는 1856년부터 1870년까지 프랑스의 우체국에서 파리, 마르세이유간의 통신수단으로 사용되었다. 1925년 프랑스의 에두아드 베린은 벨리노그래프를 만들었는데, 이 장치는 화상을 원통에 걸어 광선을 주사하고, 광전지를 이용하여 화상을 다시 전기 신호로 바꾸는 역할로 모든 팩스기계의 기초가 되었다.

5. 퍼머넌트 웨이브

　짧은 시간을 이용하여 머리에 웨이브를 만들거나 반대로 웨이브 있는 머리를 곧게 펴는 것을 퍼머넌트라고 한다. 퍼머넌트라는 말은 '영구의', '불변의'라는 뜻을 가진 말로 보통 파마라고도 한다.

　퍼머넌트는 단순히 아름다움을 표현하는 하나의 수단일거라 생각하지만 사실은 전쟁의 산물이다. 제1차 세계대전 때 독일은 독가스를 살포했는데, 이때 사용된 가스를 이르르라는 지명에서 따와 '이페리트'라고 불렀다. 이페리트가 피부에 닿으면 피부의 단

어떻게 이런 일이……

백질이 분해되어 피부가 짓무른다. 사람의 머리카락도 섬유성 단백질이어서 이페리트라는 약품이 닿으면 단백질인 아미노산의 결합이 끊어지게 된다. 이페리트를 단백질의 새로운 결합 차원에서 안전하고 실용적인 퍼머넌트를 발명한 사람은 고다드로 1936년의 일이다. 퍼머넌트 약품은 미국에서 처음 판매되었다.

6. 페니실린

페니실린은 영국의 세균학자 플레밍에 의하여 1929년에 만들어졌다. 하등균류에 속하는 곰팡이에서 분리, 배양시킨 이 물질은 지금까지 난치병이라고 하던 질병을 고쳐서 세계의 많은 사람들의 목숨을 구해왔다. 알렉산더 플레밍은 1881년 스코틀랜드의 농가에서 태어나, 의학공부를 하여 훌륭한 실험 병리학자가 되었다. 1928년 런던의 한 연구실에서 당시의 어린이들에게 흔하던 부스럼의 원인인 포도모양의 병균을 연구하던 플레밍은 실험용 접시 위에 이상한 현상이 나타난 것을 발견했다. 젤라틴이 깔린 유리접시 가운데 한개에 푸른곰팡이가 생긴 것이다. 실험 끝에 그는 푸른곰팡이가 병균을 죽이는 약으로 쓰일 수 있다는 확신을 갖고, 연구를 완성하여 액체이던 페니실린을 황색의 가루로 만드는 데 성공했다.

7. 펜 촉

현재 전세계의 많은 사람들이 사용하고 있는 펜촉은 46살까지 보험회사의 말단 영업사원으로 근무하던 루이스 워터맨이 1883년에 개발한 발명품이다. 워터맨은 뉴욕의 빈민촌에서 살고 있었는데 보험실적이 부진하여 가난에서 벗어날 수가 없었다.

그런데 어느 날, 모처럼 고액의 계약이 이루어져 서명하려는 순간 잉크 한 방울이 뚝 떨어져 계약을 망쳐버렸다. 계약자는 불길한 징조라며 다 된 계약을 취소해버렸다. 워터맨은 너무나 분하여 회사를 그만두고 잉크가 잘 떨어지지 않는 펜촉을 발명하기로 했다. 당시의 펜촉은 잉크가 잘 떨어지는 것이 단점이었다. 그는 밤낮없이 연구와 실험을 거듭하여 마침내 펜촉 가운데에 작은 구멍을 뚫고, 그 아래 부분을 예리하게 자른 펜촉을 만드는 데 성공했다. 그는 대통령과 장관보다도 더 유명해졌다.

8. 편 물 기

현대를 사는 우리는 손쉽게 편직물을 구할 수 있다. 스웨터, 장갑, 양말 등이다. 그러나 이전에는 그렇지 못했다. 편물은 모두 직접 손으로 만들어야 했고, 이에 소요되는 시간은 어마어마했다. 그렇다면 편물은 언제부터 대중화가 된 것일까? 그것은 편물기의 등장에서 그 해답을 찾을 수 있다. 편물기를 만들어 낸 사람은 윌리엄 리.

영국의 엘리자베스 여왕 시대, 개신교 성직자에게는 고난의 세월이었다. 리는 이 때문에 가정이 몹시 어려워, 아내가 삯바느질이나 뜨개질로 살림을 꾸려나갔다. 리는 아내의 손마디가 거칠어진 것을 보고, 아내를 도와줄 생각에 뜨개바늘 대신 수십 개의 갈고리가 실의 고리를 들어 올릴 방법을 상상했다. 결국 그는 임무도 잊고 기계발명에 몰두하여 편물기를 완성했으나 영국 여왕은 냉담했고, 편물기는 그가 죽은 뒤에야 빛을 보게 되었다.

어떻게 이런 일이……

9. 폐수 속의 염소 회수 기술

우리가 먹는 수돗물에서는 소독약 냄새가 나는데 이것은 물 속에 염소가 첨가되었기 때문이다. 이 염소는 수돗물 소독만이 아니라 플라스틱이나 페인트 등을 만들 때도 쓰인다. 미국 내에서 플라스틱이나 페인트를 만드는 과정에 들어가는 염소의 양은 매년 1,200만톤 정도라고 한다. 그런데 물, 플라스틱, 페인트 등을 만드는 과정에서 염소의 반은 수소와 결합해서 염화수소가 되는데 이 물질이 물에 녹으면 염화수소산으로 변해 환경을 오염시키는 주범이 된다. 그러자 미국 남가주 대학의 과학자들이 염화수소 안에 들어 있는 염소를 회수할 수 있는 획기적인 방법을 개발해냈다. 이 대학 화공학자인 로널드 미네드 박사에 의하면 염화수소 1톤에서 80달러 상당의 염소를 회수할 수 있었고, 비용도 저렴했다고 밝혔다.

10. 폐타이어 처리법

우리 나라는 물론이고 세계적으로 문제가 되고 있는 것이 폐타이어 처리문제이다.

교통사고의 원인 중에 재생타이어가 일으키는 사고의 비율도 무시 못하고, 폐타이어를 태울 때 나오는 유독가스는 인간에게 엄청난 피해를 준다. 이런 사고와 피해를 줄여 줄 새롭고 획기적인 방법이 개발되었다. 영국의 하웨연구소가 설립한 열분해공장에서 이루어지는 방법이 그것이다. 이 공장에서는 폐타이어를 특수 열 처리 방법으로 처리하여 여러 가지 유용한 재료로 재생하고, 배출 가스도 비교적 깨끗하다고 한다. 더구나 폐타이어의 열분해로 나오는 기름과 가스는 식물의 비료로 쓰이고, 분자를 결합시켜 열 또는 동력 시스템에 사용할 수 있다고 한다. 1년에 약 1천여 톤의 타이어를 처리가 되도록 설계된 이 공장은 연료와 기타 재료 생산물의 견본을 만들고 있다고 한다.

11. 포스터 제거기

선거를 치르고 나면 벽에 붙은 선전 포스터를 제거하기 위해 많은 시간과 인력을 동원하게 된다. 특히 불법부착물이 많은 우리나라의 경우 그 폐해는 심각한 지경이다. 그러나 현재까지 포스터를 제거하는 방법은 일단 물을 뿌리고 물에 불린 후 포스터를 사람이 일일이 긁어내는 방법이 전부였다. 그런데 일본의 한 화학회사가 이 문제를 쉽게 해결할 장치를 개발해냈다. 이 장치의 이름은 '해머 리무버'.

해머 리무버는 유기용제를 포함한 약알칼리성 액체를 뿌려주는 기계로 불법 광고물 위에 칠하면 액체가 안으로 침투해서 접착제의 접착력을 없애주는데 5분~10분 정도를 기다리면 상처 없이 깨끗하게 벗겨낼 수 있다. 이것을 개발한 회사는 일본 내의 청소회사와 자치단체를 상대로 판매를 시작했는데 반응이 무척 좋다고 한다.

12. 포스트잇

학생들의 노트, 성경책, 혹은 보고서의 가장자리, 때로는 전화기나 거울에도 붙어 있고 책상의 결재함에서 불쑥 튀어나와 잊고 있던 사실을 상기시켜 주는 귀염둥이 메모지가 있다. 바로 포

어떻게 이런 일이……

스트잇이다. 이 발명품은 처음 발명될 당시만 해도 쓰임새가 없어 겨우 특허출원을 마친 상태에서 방치되었던 작품이다. 발명가는 '3M'이라 불리는 미네소타 마이닝 엔드 매뉴팩처링사 중앙연구소의 연구원이었던 스펜서 실버.

　　실버는 당시 접착성 중합제의 신소재로 불리는 '모노머'를 구입하여 새로운 접착제를 연구하고 있었다. 그러다가 모노머를 다량으로 반응혼합물에 넣어 접착성이라기보다는 응집성 정도의 신기한 접착제를 탄생시켰다. 그러나 접착성이 약해 붙었다가 떨어져버리자 외면을 당했다. 그로부터 5년 후, 3M사의 아서 프라이가 찬송가를 부르다가 새로운 쓰임새를 발견한 것이다.

13. 폭 죽

　　폭죽은 화약이 만들어 낸 예술이라고 할 수 있을 것이다. 축제장의 하늘 위에서 찬란하게 퍼지는 불꽃은 아름다움의 극치이다. 이것은 누가 만들어 낸 작품일까? 폭죽은 1540년 이탈리아에서 처음 만들어졌고, 사람들의 기호에 맞게 발전을 거듭하여 오늘날에 이르렀다. 폭죽의 색깔과 빛은 초창기보다 훨씬 화려했는데도 사용하는 화약은 옛날 그대로인 흑색화약으로서 초산칼륨과 유황 그리고 목탄을 주성분으로 하고 있다. 폭발속도가 늦는 것이 폭죽에는 제격이기 때문이다. 폭죽은 보통 약 3백미터 상공까지 발사하여 폭발시키는데, 발사통 밑바닥에 소량의 흑색화약을 넣고 그 위에 화약 구슬을 넣은 다음 점화를 시킨다. 구슬에는 도화선이 달려 있어 타들어간다.

14. 폴라로이드 카메라

셔터를 누르면 1분 이내에 자동으로 사진이 나오는 폴라로이드 카메라는 바쁜 현대인에게 편리함을 더해 주는 발명품이다. 발명가는 미국의 에드윈 랜드.

사진작가인 랜드는 한 가지 큰 불만이 있었다. 아름다운 자연과 천진난만한 아이의 표정을 성공적으로 사진기에 담았을 경우 그 흥분과 설레임이 가시기 전에 사진을 보고 싶었으나, 필름 한 통을 모두 찍어 현상, 인하를 거쳐야만 가능했다. 사진을 보려면 적어도 2~3일이 걸려야 했기 때문이다. 촬영을 마친 후 그 자리에서 즉석으로 사진을 볼 수 있으면 좋겠다고 생각한 그는 음화지 없이 양화를 얻는 즉석 사진 카메라를 구상해놓고 연구에 들어갔다. 며칠 밤을 새우며 연구에 연구를 거듭한 그는 수많은 시행착오를 겪은 후 마침내 1947년 폴라로이드 카메라를 탄생시켰고, 랜드는 세계적인 발명가로 부상했다.

15. 표백법

표백법으로 네덜란드에서는 시큼해진 우유와 비누를 되풀이해서 씻는 방법을 사용했다. 그러나 네덜란드 사람들은 그 방법을 비밀로 하여 표백작업은 여전히 힘들었다.

1754년 드디어 프란시스 홈이라는 화학자가 썩은 우유 대신 묽은 황산을 사용한 새로운 표백법을 발명하였다. 그러나 방직기계가 발명되어 실이나 직물이 마구 쏟아지자, 표백점 앞에는 산더미 같은 직물이 쌓여갔다. 그러자 영국의 표백기술자인 찰스 테난트는 소석회에 염소를 흡수시켜 표백분을 발명하였다. 표백분은 아주 짧은 시간에 천을 표백하였고, 햇빛을 쪼일 필요도 없어 넓은 뜰이 필요없었다. 최근에는 표백분 대신 과산화수소(옥시풀)를 사용하는 방법이 고안되었다. 또한 형광 표백제가 발명되어 와이셔츠의 클리닝에도 많이 쓰이고 있다.

16. 풍 차

풍차는 특히 바람이 거센 북유럽 경제에 중요한 역할을 하였다. 언제 발명되었을까?

기원전 1세기 경, 수력 방앗간이 생기기 전까지 수백년 동안 인류는 손으로 곡식을 제분하였다. 또한 정미소에서 바람의 힘을 동력으로 시용하는 데는 천년 가량 걸렸다. 풍차는 바람의 힘을 이용하여 동력을 얻는 기계로, 풍차의 발전은 지리상의 여건과 관계가 있다. 16~17세기의 풍차는 벨기에, 독일, 특히 네덜란드에서 아직도 낯익은 풍경으로 남아 있다. 미국과 캐나다의 평원에서는 20세기에도 농장에서 우물물을 퍼올리는 데 사용되었다. 풍력발전은 1876년 미국에서 처음 시작되어 세계 전역에서 사용되었다. 1974년 에너지 파동 이후 풍력발전에 대한 관심이 부쩍 늘기 시작했다. 많은 회사들이 풍력발전 계획에 투자하였다.

17. 프레온 가스를 먹는 미생물

환경문제는 한 나라만이 아닌 전세계적인 관심사다. 특히 프레온 가스의 사용으로 오존층이 깨지고 있어 그 폐해는 막대하기 때문에 프레온을 대체하는 물질의 개발도 활발하다. 게다가 프레온 가스는 암까지도 유발하는 유해물질로 손꼽히고 있다. 그러나

이 유해물질을 기분 좋게 포식하는 미생물과 이것을 대량으로 번식시킬 수 있는 방법이 발명되었다. 화제의 발명가는 미국 국립지질연구소의 미생물학자 데릭 더블리.

미생물의 이름은 '클로스트리듐 파스퇴르아늄 박테리아'로 이 세균은 대기중에 이미 퍼진 프레온 가스는 먹지 못하지만 못쓰게 된 에어컨이나 냉장고를 처리할 때 쉽고 간편하게 프레온 가스를 먹어치운다. 데릭의 연구과정은 여느 학자와 다른 것이 없다. 지구를 살린다는 사명감과 꾸준한 연구가 비결이라고 한다.

18. 프레파브 건축

요즘은 스피드 시대로, 건축에도 스피드가 요구되고 있다. 그래서 프레파브 건축이 발달하게 되었다. 프레는 '미리'라는 뜻이고, 파브는 퍼블리케이션, 즉 제작의 파브이다. 그러니까 미리 만들어져 주문에 따라 운반해서 조립하는 주택이나 건물이다. 프레파브 건축은 미국에서 처음 시작되었다. 콘크리트의 매스프로 주택을 처음 생각한 것은 에디슨이라고 한다. 최근의 프레파브 건축은 콘크리트 기둥, 벽판 등이 규격의 치수대로 만들어져 있고, 그 조합으로 건립된다.

건축재의 생산 가공이나, 일부의 조립을 공장에서 실시하여 현장에 운반하여 짓는다는 공법이다. 이 공법으로 작업 기간이 단축되어 건축물의 공사비를 절감시키는 효력을 얻을 수 있다. 그리고 재료로서 얼마든지 큰 집, 창과 문을 만드는 것도 가능하다.

어떻게 이런 일이……

19. 플라스틱

　오늘날 우리는 플라스틱의 홍수 속에 살고 있다고 해도 과언
이 아닐 만큼 많은 플라스틱 제품에 둘러싸여 있다. 최초의 플라
스틱은 셀룰로이드로 천연물인 셀룰로스로 만든 천연수지였다.
그 다음으로 만들어진 것이 베이클랜드가 발명한 베이클라이트.
　완전한 합성수지의 시작인 베이클라이트가 바로 지금의 플라
스틱의 조상이 되는 셈이다. 1863년 미국에서 상류사회의 오락으
로 당구가 유행하고 있었다. 그들은 코끼리의 상아로 당구공을 만
들어 사용했는데 값이 엄청나게 비쌌다. 그러자 상금을 걸고 당구
공의 대용품을 찾게 되었는데 인쇄공이었던 하이아트가 여러 가
지 실험 끝에 최초의 플라스틱 당구공을 만들었다. 하이아트는 자
신이 만든 물질에 '셀룰로이드'라는 이름을 붙였고, 동생과 함께
회사를 설립했다.

20. 플라스틱 깃털 배드민턴공

　지금은 배드민턴이 마당이나 좁은 골목길, 약수터의 공터 등
에서 흔히 보고 즐길 수 있는 대중스포츠로 자리잡았다. 그러나 한
때 배드민턴은 아무나 할 수 없는 고급 스포츠에 속했다. 이유는
새의 깃털을 채취하여 배드민턴 공의 깃털을 만들었기 때문에 값이
비싸서 공을 구하기가 힘들었던 탓이다. 영국의 칼튼은 스포츠를
좋아하여 항상 이 점을 안타깝게 생각하고 있었다. 배드민턴 공을
보다 값싸게 보급할 수 있는 방법이 없을까를 생각하던 그는 신문
에서 플라스틱 상품의 등장 기사를 보고, 새의 깃털 대신 플라스틱
깃털로 배드민턴 공을 만들게 되었다. 이 값싼 배드민턴공은 영국

전역에 퍼져 나갔고, 칼튼은 곧 스포츠용품의 황제로 떠올랐다. 그런데 일본의 하네타치공업이 칼튼보다 먼저 플라스틱 깃털 공을 발명했으나 특허출원을 하지 않아 엄청난 손해를 보았다.

21. 플라스틱 폐기물 휘발유

폐플라스틱이나 폐타이어를 처리하는 데 드는 비용은 점점 증가하고, 공해문제도 심각한 상황에서 폐기물을 이용해서 연료를 만드는 방법이 개발되어 많은 사람들의 관심을 끌고 있다. 이 방법은 일본의 도시바사가 운영하는 환경연구소에서 개발했다. 그 원리는 플라스틱이나, 타이어는 열을 가하면 녹는데 이 열과 압력을 잘 조절하여 녹이면 휘발유나 등유 같은 분자를 가진 물질로 바뀐다. 예전에도 폴리올레핀계의 플라스틱은 기름으로 만들 수 있는 물질이었지만, 새로 개발된 이 방법은 어떤 종류의 플라스틱도 가능하기 때문에 획기적이라는 말을 듣는 것이다. 한편 미국에서는 폐기물을 이용하여 전기나 메탄올, 암모니아를 만드는 데 성공하였다. 워싱턴 주 스포케인시의 모타나 정밀광업사(MPA)가 개발하여 '스카이가스'라고 이름 붙인 공정이 그것이다.

22. 피뢰침

벤자민 프랭클린은 피뢰침의 원조지만 체코의 자연과학 아카데미가 트로코피우스 데이비스 신부에게 이 영예를 주려고 한 적도 있었다고 한다.

미국에서는 프랭클린이 세 친구와 더불어 전기가 뾰족해진 금속조각에 의하여 끌어당겨지거나, 일어나기도 하는 것을 나타

어떻게 이런 일이……

내는 실험을 하고 있었다. 그들은 실험의 하나로 영국 국왕의 조각 위에 얹은 금속 왕관에 전기를 띠게 했다. 왕관에 닿은 사람은 누구나 짜릿짜릿함을 느꼈다. 1752년 프랭클린은 구름에 연을 날리는 실험을 하고, 실에 단 열쇠가 전기를 띠어 가는 것을 증명했다. 이것을 피뢰침으로 바꾸자면 전도체와 지면을 이은 것에 대한 생각을 할 필요가 있었다. 그는 또 언덕이나 탑 위에 철막대를 세워 실험한 일도 있었다. 그 후 미국 거리마다 피뢰침이 세워졌다.

23. 피뽑지 않는 휴대용 혈당측정장치

당뇨병 환자들이 겪는 여러 가지 고통 중의 하나가 혈당검사를 위해 거의 매일같이 피를 뽑아야 하는 것이다. 검사를 위해 뽑는 피의 양은 적지만 날마다 손가락을 찔리는 괴로움은 크다. 그런데 머지 않아 계산기 크기의 장치 속에 손가락 하나만 넣으면 고통 없고 간편하게 혈당을 측정할 수 있다고 한다.

이 장치는 환자의 손가락이 들어오면 적외선 펄스를 손가락 조직으로 침투시키고 이 적외선은 다시 스펙트럼으로 바뀌게 되는데 이것을 화학계량 분석방법으로 평가하여 핏속에 흡수된 포도당의 양을 측정하게 된다는 것이다. 이 분석방법은 피를 뽑아서 측정하는 것과 마찬가지로 정확도가 높다고 한다. 뉴멕시코 대학 외과대학의 로빈슨박사팀과 미국 샌디아연구소팀의 공동연구로 개발된 이 장치는 오래된 핵무기 내부의 화학적 변화 탐지기술을 이용한 것이다.

24. 피흘리지 않는 수술

　대수술을 받을 때 피를 흘리지 않도록 하는 약품이 개발되었다. 그 동안 환자가 흘리는 피를 보충하기 위해서 다른 사람의 피를 공급받아야 했는데 이제 그럴 필요가 없어지게 된 것이다. 런던의 한 병원에서 발견된 이 약품은 심장절개 수술이나 심장, 폐이식 수술을 받는 환자들에게 도움이 될 뿐만 아니라 뇌수술, 간이식 등의 모든 수술환자들에게 큰 도움이 될 것으로 보인다.

　영국 런던에 있는 해머스 병원의 심장외과 의사들은 이 약품을 사용한 결과 수술하는 동안에 상당한 양의 혈액 손실을 줄일 수 있었다고 밝혔다. 이 약이 광범위하게 쓰이면 수혈을 통해 전염되는 각종 질병, 특히 후천성 면역 결핍증의 전염경로를 차단할 수 있어서 신의 선물로까지 여겨지고 있다. 헤어필드 병원에서는 심장, 폐이식 수술 후 출혈로 인한 사망이 현저히 줄었다고 한다.

25. 필 름

　사진을 찍으려면 반드시 필름이 필요하다. 이것은 누가 어떻게 발명했을까?

　1893년 프랑스의 다게르가 사진술을 발명했을 무렵, 영국의 탈보트도 다게르와 다른 방법으로 감광판을 만들 것을 생각했다. 탈보트는 소금물에 적신 종이에 초산 은의 용액을 듬뿍 바르고, 그 종이 앞에 꽃이나 잎을 놓고, 햇빛을 쬐어 보았다. 그러나 종이 위에 꽃이나 잎의 그림자가 검게 남고 햇빛을 쬔 부분은 검게 되었다. 이것은 흰 부분은 검고, 검은 부분은 희게 찍히는 음화(네거티브)였으며, 밝은 곳에 두면 전체가 감광해서 까맣게 변하

어떻게 이런 일이……

는 것이었다. 탈보트는 여러 가지 실험 끝에 감광지를 물로 씻어
내고, 소금물이나 옥화 칼륨의 용액에 담그면 색이 변하지 않는다
는 사실도 알아냈다. 1868년 미국의 굿윈이 셀룰로이드 필름을,
영국의 맥스웰은 컬러필름을 발명했다.

1. 하이테크 자장가

태어난 지 얼마 안 되는 신생아가 울기 시작하면 경험이 부족한 엄마들은 당황하게 된다. 또한 주변 사람들에게는 심각한 소음 공해가 될 수 있다. 그러나 희한한 자장가가 판매되기 시작하여 산모나 젊은 부모의 마음을 설레게 하고 있다.

영국의 한 학교 교사인 러저 와넬은 음악을 듣다가 전축이 고장나서 우연히 이 발명을 했다고 한다. 칭얼대고 울던 아기가 음악을 들을 때는 울음을 멈추고 잠드는 것을 이상하게 생각한 와넬은 고장난 전축의 소음이 아이를 잠재운 것이 아닐까라는 의구심을 갖고 엉뚱한 실험을 하게 되었다. 옆집의 우는 아기들이 고장난 전축의 리듬 있는 소음에 곧 잠이 들더라는 것. 이 리듬 있는 소음은 아기가 엄마의 자궁 속에서 듣는 소리와 비슷하며 생후 10주 이내의 아기에게 효과가 있다고 한다.

2. 합성고무

고무가 많이 쓰이기 시작하고, 그 중요성을 알게 되면서 유럽의 과학자들은 어떻게 해서든지 천연고무의 성분을 알아내 인공으로 합성고무를 만들어 보려고 했지만, 그렇게 쉬운 일은 아니었다. 유럽에서 처음 고무를 사용한지 50여 년이 지난 1826년, 영국

어떻게 이런 일이……

의 과학자인 패러데이는 연구 끝에 고무의 분자구성을 알아낼 수 있었다. 그것은 탄소원자 5개와 수소원자 8개로 된 원자 덩어리가 고무에 포함되어 있다는 사실이었다.

그 후, 프랑스의 부셜더가 이 분자를 연구하기 시작하여 이소프렌이 긴 사슬모양으로 연결되어 탄력이 있음을 알아냈다. 그 후로도 별 진전을 보지 못하다가 세계 각국에 자동차공업이 발달하면서 합성고무의 연구는 더욱 활발해져 1925년 미국의 뉴란드가 부타디엔이라는 물질을 만들었고, 듀퐁사의 캐러더즈가 네오프렌이란 새로운 합성고무를 발명했다.

3. 합성섬유

오늘날 많이 쓰이는 합성섬유는 천연섬유와 같이 줄어들거나 상하지 않는 것이 장점이다. 또한 비단과 같은 천연섬유보다 값도 싸다. 최초의 합성섬유인 레이온(rayon)은 비단의 모양과 감촉을 흉내내어 만들어진 것이다. 레이온은 루이 마르 일레르 베르니고 드 샤르도네에 의하여 당시 프랑스 섬유 산업을 위협하던 누에고치병에 대한 대응으로 만들어졌다. 원래 레이온은 인조 비단으로 알려졌다.

1924년 정식으로 명명된 레이온이라는 말은 직물의 광택을 의미하는 ray에서 따온 말이다. 레이온은 처음에 펄프의 니트로셀룰로스에서 직접 만들어졌다. 그러나 1892년 영국의 크로스와 베반은 점액질의 용액으로 바꾸는 과정에서 아세테이느 레이온의 특허를 얻었다. 20세기에 석탄과 석유를 기초로 하는 수많은 합성섬유가 개발되었다.

4. 합 판

통나무에서 잘라낸 얇은 단판을 접착제를 사용하여 여러 겹 붙인 것을 베니어판, 또는 합판이라고 부른다. 원목을 잘라 만들어온 대부분의 나무제품에 합판을 사용하기 시작한 최초의 사람은 독일 보팔트의 미카엘 토네트일 것이다. 토네트는 1819년 가게를 열고 증기로 나무를 구부려 만든 의자를 개발하고, 너도밤나무 재목의 틀과 앉는 부분이 합판으로 만들어진 의자를 제작하였다. 토네트가 만든 의자의 디자인이 얼마나 훌륭하고 튼튼한 것인가는 오늘날까지도 체코에서 그와 똑같은 것이 생산되고 있다는 사실만으로도 충분히 짐작할 수 있을 것이다. 1855년 이후, 몇 사람의 미국인이 합판에 관한 특허를 취득했다. 초기의 합판은 제조의 어려움과 소규모 생산으로 값이 비싸며 훨씬 두터웠다. 합판의 대중화는 19세기 말 경에 이루어졌다.

5. 핫 도 그

세계의 어느 나라를 가도 손쉽게 구해 먹을 수 있는 핫도그도 인종을 뛰어 넘은 세계인의 식품이다. 이 조그만 핫도그는 누가, 어떻게 발명했을까?

일본의 기붕식품은 직무발명제도를 채택하여 직원들의 아이디어 개발에 사기를 북돋우고 있었다. 직무발명제도란 사원이 일과 관련하여 발명을 했을 경우 특허권은 회사가 갖고, 로열티는 발명자에게 주는 제도이다. 이 제도가 활기를 띠게 된 것은 한 사원이 '꼬치 안주'를 만들어 히트를 한 후부터였다. 다나카도 발명에 몰두하기 시작했다. 그러던 어느 날, 출근을 위해 버스에 올라

어떻게 이런 일이……

탄 다나카의 눈에 띈 것이 있었다. 넘어지지 않으려고 버스의 손잡이를 단단하게 움켜진 소녀의 주먹이었다.

그 순간 작고 귀엽게 튀긴 과자를 떠올린 그는 핫도그를 발명했고, 기붕식품은 세계적인 식품회사가 되었다.

b. 해산물 의약품

바다에는 곤충을 제외하고 지구상에 존재하는 생물의 80% 이상이 서식하고 있다. 이런 많은 종류의 해양생물로부터 신물질이 고루 추출되고 있어서 미래의 신물질 연구는 해양천연물이 차지할 것이라는 데 학자들이 의견을 같이 하고 있다.

선진국에서는 60년대 말부터 해양생물로 관심을 돌려 집중적인 투자와 노력을 기울이고 있다. 이들의 연구대상은 해조류와 해면, 산호, 멍게 등이다.

이들 해양생물로부터 얻은 의약품은 최근에 발병빈도가 높아진 암이나, AIDS, 성인병 등 질병치료에 효과를 나타내고 있으며 부작용도 적은 것이 특징이다. 또한 카브리해에 서식하는 멍게와 해면에서 분리된 항바이러스, 열대해역의 산호와 해면에서 추출한 비마약성 소염진통제, 호주의 산호로부터는 과다노출로 인해 발생하는 피부암의 예방제를 만들어 낼 수 있다고 한다.

٦. 해 시 계

인간에게 시간을 알려주는 수단으로 가장 오래된 것은 해시계이다. 이 해시계의 가장 간단한 형태는 막대를 땅에 수직으로 세워서 그림자를 관찰하는 것이다. 이후에 해시계는 평평한 판에 시간 눈금을 새기고, 그 위로 수직날을 세워서 그림자를 보는 것으로 발전하였다. 이 방법은 기원전 3500년 경 중국과 페르시아만의 고대왕국 칼데아에서 각각 발명되었다. 구약성서 열왕기에 나와 있는 일귀(日晷)도 해시계이며 또 고대 이집트에서 신전 입구에 세운 오벨리스크도 같은 구실을 하였다. 시계바늘 역할을 하는 수직날이나 수직막대가 있는 해시계는 그리스의 작가 겸 천문학자인 아낙시맨더가 최초로 만들었다는 설도 있다. 메소포타미아에는 폴리스라는 해시계가 있었다.

8. 핵 발 전

핵에너지가 무한하고 값싼 전기 에너지의 원천으로 생각된 것은 세계 제2차 대전 이후부터였다. 핵반응은 막대한 양의 열을 발생시키므로 이것을 이용해 증기를 만들고 터빈을 돌려 전기를 생산할 수 있다.

핵반응을 이용하여 세계 최초로 전기를 생산한 원자로는 미국의 알곤 국립연구소에 건설된 EBR로, 1951년 12월 20일부터 전기를 생산하기 시작했다. 전기를 생산한 두 번째 원자로는 1953년 2월 24일 오크리지 국립연구소의 HRE였다.

오늘날 전세계 30개국에 400개의 상업적인 핵발전소가 있는데, 그 중 4분의 1은 미국에 있고, 다른 4분의 1은 프랑스와 러시아에 있다. 벨기에, 프랑스, 우리 나라 등은 자국에 필요한 전력의 반 이상을 핵발전으로 충당하고 있다.

어떻게 이런 일이……

9. 헬리콥터

커다란 동체와 이착륙용의 넓은 활주로를 필요로 하는 비행기에 비하여 훨씬 기동성이 뛰어나고, 여러 위급한 상황에서 진가를 발휘하는 것이 헬리콥터이다.

기체에 수직으로 달린 축에 회전날개를 달아 그 동력으로 수직, 수평비행을 하는 헬리콥터는 여러 사람에 의해 고안되었으나 완벽한 성공을 이룬 사람은 러시아 태생의 이고르 이바노비치 시코르스키였다. 시코르스키는 청소년 시절부터 하늘에 대한 무한한 동경심을 품고 있다가 1903년 공군 사관생도가 되었으나 헬리콥터 연구를 위해 장교를 포기했다. 공학공부를 시작한 그는 이미 어린 시절에 고무줄을 이용한 장난감 헬리콥터를 만들었는데, 이것은 레오나르도 다빈치가 스케치한 모형도에서 착상한 것이다.

시코르스키는 연구 끝에 미국에서, 1939년 헬리콥터를 만들어 때마침 미주리 주에 홍수가 났을 때 사람들을 구조했다.

10. 현대의 마취법

마취 및 마취제의 역사는 1847년 영국의 산부인과 의사였던 제임스 심프슨으로까지 거슬러 올라간다. 그것은 의학계의 혁명이었다. 그러나 심프슨도 마취에서 깨어난 다음에 오는 환자의 통증에는 달리 방법이 없었고, 그 이후 많은 발전을 하는 동안 마취는 기체 흡입식에서 액체주사식으로 바뀌어 오늘에 이르렀다.

그런데 통증은 어쩔 수 없어도 후유증은 거의 없는 마취제가 발견되고, 마취방법 또한 주사식에서 옛날의 흡입식으로 바뀌어 화제가 되고 있다. 마취의 공포로부터 인류를 해방시켰다는 극찬을 받고 있는 사람은 영국의 세인트 매리 병원 론 존슨 교수이다.
론 교수도 심프슨처럼 수술 환자들이 마취에서 깨어난 뒤 후유증
과 통증에 시달리는 것을 보고 수많은 실험을 통하여 '데스플루란'
을 개발해냈다.

11. 현 미 경

　너무 작거나 멀리 있어서 맨 눈으로 분석할 수 없는 물체를 렌
즈를 사용하여 확대해서 볼 수 있음으로써 과학에 혁명적인 변화
를 가져왔으며 현미경과 망원경은 이 혁명의 소산이다. 작은 물체
를 확대하는 기능을 가진 현미경은 안경의 렌즈에서 비롯되었다.
　1590년 네덜란드의 자카리스 잔센과 그의 아버지는 최초의
현미경을 발명하였고, 현미경의 초점 조절 장치는 1668년 이탈리
아의 캄피니가 개발하였다. 현대의 광학 현미경은 배율이 수천 배
에 이르는데 이 배율을 얻기 위해서는 여러 개의 렌즈를 사용해야
한다. 전자현미경은 100만분의 1밀리미터 정도의 물체를 전자의
파동성을 이용하여 관찰하는 장치로 1926년 한스 부쉬가 설계하
였다. 부쉬의 발명은 아베에 의한 이론과 루스카, 크놀의 노력에
기반을 두어 1933년 최초로 실용화에 성공했다.

12. 현 악 기

　가장 오래된 현악기는 무엇일까? 하프 또는 라이어로 기원전
3천년 경에 만들어졌다. 이 악기는 길이가 서로 다른 많은 줄을
매어 놓은 것으로 성경과 그리스 신화에 주로 등장하며 고대 이집
트와 중국의 그림에도 나타난다. 런던의 대영 박물관에는 기원전

어떻게 이런 일이……

1500년 경의 이집트 하프가 소장되어 있다.

현재의 교향곡이나 오케스트라에서는 페달이 두 개 달린 하프를 사용하고 있는데 이것은 프랑스의 세바스찬 에라드가 만든 것이다. 손에 들고 뜯는 작은 현악기 류트는 중세 때부터 사용되었고, 후에 바이올린으로 발전하였다. 바이올린은 1529년 프랑스에서 처음 만들어졌다. 비올라, 첼로 등을 켜는 활은 아르칸젤로 코렐리와 귀셈프 타르티니가 현대적으로 개선했고, 기타는 기테른과 왈라에서 발전된 것이다.

13. 형 광 등

형광등을 만들어 내려는 최초의 시도는 프랑스의 과학자 앙리 배크레르에 의한 것이었다. 그는 방사능의 발견자로 제자인 마리 퀴리에게 그 연구를 위임했다. 배크레르는 1859년 가이슬러관을 사용하여 일종의 형광등을 만들어 냈다. 가이슬러관은 희박 가스 안에서 방전에 의하여 생기는 백열관을 실험하기 위해 쓰이는 기구였다. 그는 관 내부에 백열광에 의하여 형광빛을 내는 성질이 있는 화학약품 형광제를 발랐다.

여러 나라의 과학자들도 비슷한 연구를 하기 시작, 1910년 프랑스의 조르쥬 클로드는 네온등을 발명하였다. 최초의 실용적 램프의 개발은 1934년 제너럴일렉트릭사의 콤튼 박사에 의해서였다. 이 램프는 낮은 전류로도 효과를 나타내 높은 전류를 필요로 하는 백열등보다 훨씬 경제적이었다. 근대적 형광등에는 5색빛이 있다.

14. 호 핑

우리 나라에서는 어린이들이 '스카이 콩콩'이라 부르며 즐겁게 가지고 노는 장난감이 있다. 이것은 일본의 스기토 사부로가 고안한 것으로 미국 영화에서 토인이 대나무 말 같은 것을 타고 점프를 하며 즐기는 장면을 보고 힌트를 얻어 발명한 장난감이다.

우리 나라에서도 삽 위에 두 발을 올려 놓고 콩콩 뛰어본 경험이 있는 사람이라면 호핑이 왜 세계적인 발명품이 되었는지 쉽게 이해할 수 있을 것이다. 호핑은 윗부분에 손잡이가 있고, 아래에 발판이 있다. 발판 아래에는 스프링이 달려 있어 손잡이를 두 손으로 잡고 발판에 두 발을 올려놓은 후 팔짝팔짝 뛰는 놀이기구이다. 이처럼 어린이들이 실제 즐거워하는 놀이나 도구도 히트 상품이 될 수 있다.

15. 화 약

화약류의 역사는 아주 오래되어 중국 인도에서는 일찍부터 사용되었고, 그 제조법이 동·서양에 전해졌다. 275년 J. 아프리카누스의 질산칼륨과 황의 혼합물에 관한 기록에서 비롯되었다. 667년 칼리니코스가 '그리스 불'을 발명하였으며, 이것을 발전시켜 1313년 슈바르츠가 흑화약을 발명하였다. 1040년 경 중국에서 발명된 화약은 처음에는 불꽃놀이에 사용되었으나, 작은 로켓의 추진 따위의 군사용으로 이용되었다.

13세기 중국에서는 폭탄이나 대포에 화약을 사용하였으며 이것은 곧 중동에서도 사용되었다. 화약의 사용은 무기의 파괴력을 크게 증가시켜 전쟁의 혁명을 가져왔다. 화약은 좀더 강력한 물질

어떻게 이런 일이……

이 등장하기 전까지 약 800년간 산업적으로 이용되었다. 1846년 이탈리아의 화학자 아스카뇨 소브레로는 니트로 글리세린을 발명했다.

16. 화장법

옛날 이집트의 여자들은 머리털에 진흙을 발라 굳혀서 모양을 다듬거나 볼에 연지를 바르거나, 눈썹에서 눈초리에 걸쳐 초록빛 안료를 바르는 방법들로 화장을 했다. 그러나 2천년 전 그리스에서는 여자는 화장을 하지 않은 자연 그대로가 더 아름다운 것으로 취급되었고, 동양에서도 옛날부터 살결이 흰 사람을 아름답다고 했다. 중국에서는 9세기 경 은나라 시대에 납을 구워 연백이라는 흰 가루를 만들었는데 이것이 분의 시초이다.

2천년 전 낙랑 고분에서 발굴된 화장통에는 분과 연지가 들어 있는 것으로 미루어 옛날부터 화장을 한 것으로 추측되고 있다. 20세기가 된 후, 서양의 화장법과 화장품이 수입되는 동시에 과학적인 연구도 진전되어 연백을 쓰지 않는 분을 만들었고, 유액이나 크림도 시판되기 시작했다.

17. 화장수

싱그러운 향기는 사람의 마음을 살아 움직이게 한다. 인간은 알게 모르게 냄새를 기억하고 동시에 향기로운 것을 찾는 성향이 있기 때문이다. 그래서 사람들은 아주 오래 전부터 향기로운 것에 관심을 가져왔다. 이러한 집착은 향수, 향주머니, 향갑 등으로 나타났다. 이 가운데 특히 유럽 왕실의 사랑을 받으며 세계적인 명품으로 성장한 것이 바로 화장수, ‘오드콜로뉴’이다.

오드콜로뉴는 식물을 이용하여 만든 최초의 향수였으며, 100여 년의 세월 동안 변함없이 사랑을 받아왔다. 이 신비의 물을 만든 사람은 이탈리아의 페미니스이다. 페미니스는 1740년 낮잠을 자기 위해 들판에 나갔다가 꽃들의 향기에 매료되어 화장수를 만들었다. 그의 오드콜로뉴는 파리나에 의해 더욱 향기가 좋아졌고, 오늘날에 이르러서는 ‘오데코롱’이라는 이름으로 바뀌었다.

18. 환경 에어커튼

에어커튼이란 송풍장치로 기류막을 만들고 양측의 공기이동을 차단함으로써 온도, 가스, 먼지, 세균 등의 유출입을 막는 장치이다. 북풍이 불어닥치는 슈퍼나 백화점 입구는 온도 차단이 주목적이 되고, 공공 쓰레기처리장 등은 악취차단, 고열로를 사용하는 공장에서는 열기를 주위에 미치지 않게 하는 것이 주목적이다. 그렇다고 문에 부착하면 작업할 때 불편을 준다. 식품공장 등은 파리, 모기 등의 곤충이나 모래먼지의 침입을 막는 것을 목적으로 한다. 이 에어커튼을 발명한 사람은 마쓰이.

마쓰이는 1968년 미쓰비시 전기제품 에어커튼을 판매하기 시작했으나, 어느 가을날 바람에 밀려 모인 나뭇잎이 빙글빙글 도는 것을 보고 힌트를 얻어 세계 최초의 인공회오리의 원리를 이용한 에어커튼을 발명하게 되었다. 그가 발명에 성공한 것은 초보자였기 때문이라고 한다.

어떻게 이런 일이……

19. 환상적인 텔레비전

몇 년 전부터 리모콘이 나와 텔레비전을 켜거나 끌 때, 또는
채널을 바꿀 때 일일이 스위치를 조작할 필요가 없어 우리 생활이
더욱 편리해졌다. 그런데 이제 리모콘에 의한 편리함도 구식이 될
전망이다. 새로 개발된 음성인식 텔레비전이 그 원인이다.

사람의 음성을 인식하여 작동되는 기기들이 속속 개발되는
추세에 따라 최근 실험에 성공하였다고 한다. 이 텔레비전은 운동
경기를 보다가, 뉴스를 보고 싶으면 'A방송 9시 뉴스'라고 소리내
면 되고, 여러 명의 가수가 나와 노래할 때 좋아하는 가수의 얼굴
만 크게 확대하라는 지시도 가능하다. 그리고 화면과 함께 가수나
야구팀의 이력, 과거 성적 등의 정보도 볼 수 있다. 이 시스템은
미국 MIT 대학의 니콜라스 네그로폰테교수가 처음 개념화한 것으
로 첨단 기업들에 의해 자리를 잡기 시작했다.

20. 활과 화살

인류가 만들어 낸 무기 중 가장 오랜 된 것은 활과 화살이다.
이것은 기원전 5만년에 발명되었으며, 아직도 일부 외딴 종족에
서는 주요한 무리로 사용되고 있다. 그리고 문명이 발달된 민족에
게는 일종의 스포츠로 자리잡고 있다.

원시 시대의 활은 가늘고 긴 막대의 양끝을 시위(활줄)로 팽
팽하게 묶어 휘게 한 것이었다. 화살은 가늘고 곧은 대나무를 사
용하였는데 시위에 고정하기 쉽도록 한쪽 끝에 좁은 홈을 팠다.
화살촉은 돌, 조개껍질, 금속 등이었고, 화살의 뒷부분에 새의 깃
털을 박아넣기도 했다.

활은 여러 가지 재료를 사용하여 갖가지 형태로 만들어졌는데 가장 잘 알려진 것은 180cm짜리 영국식 긴 활일 것이다. 이것은 14~15세기에 주목이나 오세이지 오렌지나무로 만들어져 영국과 프랑스의 전투 등에서 훌륭한 무기로 입증되었다.

21. 황금 염색법

거지 같은 남루한 옷이 금장색의 드레스로 바뀌고, 지푸라기나 보통실이 금실로 바뀌어 예쁜 옷을 만들 수 있다면 얼마나 좋을까? 옷감이나 실을 금으로 바꿀 수는 없지만 화학적으로 염색하는 것은 가능하게 되었다.

미국의 루이지애나 주립대학 농업연구소의 윌리엄 토드와 엘 모리슨이 바로 황금염색법을 개발해낸 것이다. 이 마술 같은 황금염색법은 현재 생체의학 연구나 임상 진단용으로 사용되는 금 콜로이드(아주 작고 미세한 입자가 액체나 기체로 된 매체 중에 분산되어 있는 용액)를 이용한 것이다.

금 콜로이드는 병원체의 존재를 빨리 감지하기 위해 항체에 부착하는 반응성 신호물질이다. 그들은 금입자를 직물과 강하게 결합시킴으로써 화학적 성질을 바꿔, 다양한 색조의 황금옷감을 만들어 내는 데 성공했다.

22. 황산 대량생산법

황산은 금속공업, 직물표백 등에 이용된다. 황산의 대량생산은 영국 산업혁명의 기초를 다져준 위대한 발명이다. 로우벡은 네덜란드에서 의학을 공부하고 돌아온 젊은 의사였다. 예전의 영국

어떻게 이런 일이……

에서는 의학을 공부하려면 화학까지 공부해야 했는데 로우벡은
환자를 돌보는 일보다 황산을 만드는 일을 더 즐거워했다.

　　버밍엄의 금속공업이 날로 번창함에 따라 황산이나 질소도
더욱 많이 필요하게 되었다. 1737년 워드라는 사람이 유리공을 통
해 황산을 제조하는 공장을 세웠다. 대량생산을 하자면 더 큰 유
리제조기를 만들어야 하지만 당시는 유리 값이 너무 비싸 엄두를
낼 수 없었다. 그러자 로우벡은 황산제조기의 발명을 생각하고,
납상자를 만들어 대량생산의 가능성을 만들어 냈다. 1749년 마침
내 로우벡은 황산공장을 세워 대량생산을 하게 되었다.

23. 회전구이기구

　　추운 날 거리에 나가면 빙글빙글 돌아가는 회전구이기구를
이용하여 붕어빵, 팥빵, 호떡 등을 굽는 모습을 볼 수 있다. 무심
코 보아온 이 구이기구도 세계적인 발명품이다. 발명가는 헨리.
독일에서 전 굽는 기구를 만드는 회사에 다니던 헨리는 불 위에
한 개의 팬을 올려놓고 전을 부치는 것은 비생산적이라고 생각하
여 새로운 기구를 만들기로 결심했다. 그러다가 어느 날, 친구들
과 함께 호텔 안에 있는 식당에 가게 되었다.

　　헨리는 생소한 주위를 둘러보며 조용히 식탁의자에 앉았다.
그 순간 식탁 위의 회전 원판이 눈에 들어왔다. '저 회전원판은 어
디에 쓰이지?' 궁금해 하는 사이 종업원들이 음식을 날라다 회전
원판에 올려놓고 친구들은 원판을 돌려가며 음식을 접시에 담았
다. 그것을 보고 아이디어를 떠올린 헨리는 탄성을 질렀다.

24. 훌라후프

전세계 어린이들을 열광시켰던 장난감 훌라후프는 미국 루이 마크스의 발명품이다.

그는 조그만 장난감 공장을 운영하고 있었는데, 1960년대 어느 여름, 친구들과 함께 아프리카 여행을 가게 되었다. 여행을 좋아하여 틈만 나면 국내외 여행을 했던 마크스는 토인 원주민들의 원색적이고, 난폭한 놀이보다 어린이들의 익살스러운 놀이에 한결 흥미를 가졌다. 어린이들은 나무넝쿨로 만든 둥근 테를 허리에 끼고 빙빙 돌리기도 하고, 돌을 갈아 원판을 실 같은 나무 껍질에 꿰어 올렸다 내렸다 하며 놀았다.

놀이가 재미있어 문명인들도 좋아할 것이라고 생각한 그는 무사히 여행을 마치고 돌아오자, 나무 넝쿨과 돌을 플라스틱으로 대체한 놀이기구를 만들었다. 훌라후프와 요우요우였다. 생산에 들어가자 인기는 폭발적이었고, 세계 각국에 퍼지게 되었다.

25. 휘는 콘크리트

인도에서 큰 지진이 나서 수만 명의 사람들이 매몰되었다. 이처럼 지진이 자주 발생하는 나라에서 들으면 매우 반가워할 발명품이 나왔다. 휘는 고강도 콘크리트가 그것이다. 기존의 콘크리트는 단단하지만 유연성이 없다는 특성에 반해 이것은 단단하지는 않지만 약 1백배 정도의 유연성을 가지고 있다. 이 콘크리트는 고층 건물을 비롯하여 다리, 특수 건축물 등에 폭넓게 쓰일 예정인데 일본 같은 지진 다발지역에서는 건축에 필수재료로 쓰일 것으로 보인다. 이 발명품은 노스웨스트 대학의 연구진이 개발했는데 기존 시멘트에다 자체 개발한 특수 섬유를 넣어서 만들었다.

이 콘크리트는 유연할 뿐만 아니라 기존의 것보다 4배나 강해서 웬만한 충격에도 전혀 손상이 가지 않기 때문에 미래의 건축재료로 손색이 없다.

26. 휘 플 볼

놀이터나 주택가에서 어린이들이 플라스틱공과 방망이를 가지고 야구를 하는 모습을 종종 볼 수 있다. 이렇게 플라스틱으로 만든 야구의 대용품을 휘플볼이라고 부르지만, 좀더 정확하게 표현하자면 휘플볼은 스스로 곡선 비행을 할 수 있는 플라스틱 공을 말한다.

이 휘플볼을 처음으로 만든 사람은 미국 코네티컷 주의 데이비드 멀라니였다. 멀라니는 자동차용 광택제 회사에 다니는 평범한 샐러리맨이었다. 그는 토요일에는 잔디를 깎기도 하고, 아들과 야구 연습을 하기도 했다. 그는 어느 날, 아들이 친구와 커브볼을 던지는 것을 보고, 공이 스스로 휘어서 날라준다면 좋겠다는 생각으로 집 근처의 공장에서 플라스틱 공을 얻어 긴 타원형 구멍을 뚫었다. 공은 멋진 커브를 그렸다. 때마침 실직자가 된 그는 휘플볼을 보급시켰고, 이는 곧 전세계로 퍼졌다.

27. 휴 대 용 계 산 기

휴대용 포켓 계산기는 1967년 텍사스 인스투르먼트사의 제리 D. 메리맨과 제임스 H. 반 타슬 그리고 잭 ST. 클레어 킬비 등의 개발팀에 의하여 발명되었다.

킬비는 이미 1958년에 마이크로칩을 발명했었다. 이것은 여러 개의 트랜지스터가 합쳐진 것으로 휴대용 계산기뿐만 아니라 컴퓨터 혁명에도 필수적인 요소가 되었다.

1972년 9월 21일 시장에 나온 IT-2500은 덧셈, 뺄셈, 곱셈, 나눗셈 그리고 소수점 연산을 할 수 있으며, 8자리 발광다이오드 (LED) 표시 장치도 가지고 있었다.

IT-2500의 크기는 $14 \times 7.6 \times 4.3$㎝, 무게는 340 g 이었다.

최초의 휴대용 계산기의 가격은 120 달러, 그러나 몇 년 이내에 같은 제품이 10 달러 이하에 판매되었다. 오늘날 이 편리한 발명품이 없는 생활은 상상하기 힘들다.

28. 휴대용 수표 자동 발행기

개인수표를 자동으로 발행해 주는 기계가 나왔다.

일본의 파나소닉사에 의해 개발, 판매되고 있는 이 수표발행기의 큰 특징은 부도발행을 막아준다는 것이다. 개인수표를 가지고 다니며 사업하는 사람들은 자신의 예금잔액이 얼마나 남았는지를 잘 모른 채 수표를 발행하는 경우가 있는데, 이것은 부도라는 큰 문제와 직결된다. 하지만 이 발명품은 수표를 발행할 때마다 금액을 축적해서 부도발행을 막아주도록 되어 있다. 또한 발행자가 원하면 월별 또는 주별로 결산내역을 자동으로 산출해 주기도 한다. CPA라는 이름을 가진 이 발행기는 수표자동발행 외에도 자주 거래하는 사람들을 정리하여 입력해 둘 수 있고, 여러 개의 구좌를 기억하며, 전화번호는 50개까지 기억할 수 있다. 또한 할부금 등의 지불만기일을 알려주기도 한다.

어떻게 이런 일이……

29. 휴대용 자동차

손으로 들고 다니는 자동차가 있다면 믿어질까? 차를 접어 휴대하다가 필요할 때 펼쳐서 타고 다닌다면 얼마나 편리할까? 이 물음에 대한 해답이 나왔다.

일본 미쓰시다 자동차회사의 한 사원이 개발한 접는 자동차이다. 이 자동차는 여행용 가방처럼 평상시에는 가방으로 쓸 수 있고, 30초 정도 작업하면 시속 30㎞로 달릴 수 있는 자동차가 된다. 엔진은 오토바이에 쓰이는 것이며, 차체로 쓰이는 가방은 백화점에서 손쉽게 구할 수 있는 여행용 가방이다. 미적인 품위는 별로 없고, 탈 수 있는 인원도 운전자 한 사람뿐이지만 이 가방자동차의 효용가치는 대단할 듯하다.

무게 32kg, 가로 57㎝, 세로 75㎝, 두께 27㎝의 이 가방자동차는 이미 세계 각국의 모터쇼에 여러 번 출품했고, 뉴욕 타임스퀘어에서 시험주행도 성공적으로 마쳤다.

어떻게 이런일이……

발명 365

·

처음 찍음 / 2001년 11월 10일
처음 펴냄 / 2001년 11월 15일

·

지은이 / 왕 연 중
펴낸이 / 이 방 원
펴낸곳 / 도서출판 세창
주소 / 서울특별시 종로구 교남동 47-2
전화 / 723-8660(代)
팩스 / 720-4579
E-mail: sc1992@korea.com
등록 / 1998. 9. 12 제 1-2272호(윤)

·

값 6,500 원

* 잘못 만들어진 책은 바꾸어 드립니다.

ISBN   89-5586-003-×   03000

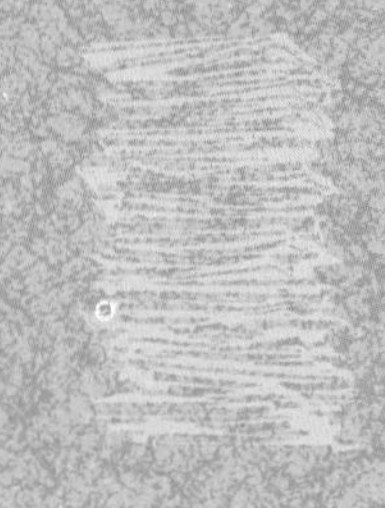